中国地质大学(武汉)珠宝学院 GIC 系列丛书

国际珠宝奢侈品品牌案例集

周琦深 徐 可 编著

中国地质大学出版社
ZHONGGUO DIZHI DAXUE CHUBANSHE

图书在版编目(CIP)数据

国际珠宝奢侈品品牌案例集/周琦深,徐可编著. —武汉:中国地质大学出版社,2025.7
ISBN 978-7-5625-6164-4
Ⅰ.F76

中国版本图书馆 CIP 数据核字第 20259KN872 号

国际珠宝奢侈品品牌案例集		周琦深　徐　可 编著
责任编辑:张玉洁	选题策划:张　琰　张玉洁	责任校对:张咏梅
出版发行:中国地质大学出版社(武汉市洪山区鲁磨路388号)		邮政编码:430074
电　　话:(027)67883511	传　真:67883580	E-mail:cbb@cug.edu.cn
经　　销:全国新华书店		https://cugp.cug.edu.cn
开本:787mm×1092mm 1/16		字数:175千字　　印张:10
版次:2025年7月第1版		印次:2025年7月第1次印刷
印刷:湖北金港彩印有限公司		
ISBN 978-7-5625-6164-4		定价:68.00元

如有印装质量问题请与印刷厂联系调换

前　言

全球奢侈品行业正经历着结构性范式重构。在这股转型浪潮中，品牌既需守护传统工艺的历史底蕴，又需应对新兴技术、代际消费文化与地缘经济格局的三重挑战。这种传统与创新之间的张力，已成为行业发展的核心驱动力。此外，手工传统与数字技术的融合、本土文化表达与全球市场拓展的平衡、稀缺属性维护与规模经济的博弈，正促使奢侈品行业积极探索新模式。

珠宝类奢侈品作为人类物质文明的重要载体，凭借其深厚的历史积淀、精湛的工艺与珍稀材料的结合，在奢侈品领域长期占据核心地位。它兼具艺术价值、经济属性和文化符号功能，在跨文明语境下持续发挥着社会象征、资产配置与代际传承的独特作用，是全球奢侈品市场价值体系的重要基石。

本书通过分析17个标杆奢侈品品牌案例，展现了珠宝类奢侈品作为文化符号的永恒魅力，更映射出奢侈品行业在全球化竞争中的生存智慧。在案例筛选上，本书以历史深度、创新锐度、战略前瞻性和全球化实践广度为核心依据。书中研究的17个珠宝类奢侈品品牌兼具商业价值与文化内涵，通过差异化路径诠释了"奢侈"的本质，共同展现了奢侈品品牌如何在传承与创新、稀缺性与规模化、本土化与全球化的张力中构建高级珠宝的价值壁垒。

书中跨越四个世纪的商业实践，为奢侈品行业，特别是中国本土珠宝品牌，提供了一套可借鉴的方法论框架。我国本土珠宝品牌长期困扰于"有产品无叙事"的问题，面临着从"产品之品"向"文化之牌"的升级挑战。本书通过解析Mellerio、JAR等国际珠宝品牌的本地化实践，为本土珠宝企业提供了从品牌叙事到数字化落地的系统性参考，为中国品牌提供了从"制造"到"智造"的转型范例。

本书的出版得到了中国地质大学（武汉）珠宝学院对GIC系列教材项目的立项支持与经费资助。教材编写由专业教师周琦深、徐可指导优秀研究生共同完成。编写团队秉持严谨的学术态度，在充分参考已有研究成果的基础上，深入分析各品牌官网及相关行业报告,力求内容准确、表述规范。其中,杨丁华、王幸蕴、邓超音、华紫轩、侯若阳、陆煜昕等同学全程参与了文献检索、文本校对及部分章节的撰写与修订工作。他们展现出的专业素养为教材质量提供了有力保障。谨此感谢所有参与编写的师生为本书所付出的辛勤努力!

周琦深

2025 年 3 月

目 录

第 1 章　Mellerio 麦兰瑞

15 代珠宝人的薪火传承　　　　　　　　　　　　　　　1

　　1.1　Mellerio 家族的传承史　　　　　　　　　　　　1
　　1.2　Mellerio 家族的经营策略　　　　　　　　　　　6
　　1.3　家族经营的优劣势　　　　　　　　　　　　　　7
　　1.4　结　语　　　　　　　　　　　　　　　　　　　9
　　思　考　　　　　　　　　　　　　　　　　　　　　10

第 2 章　JAR

颠覆传统的"反市场"奢华　　　　　　　　　　　　　11

　　2.1　充满艺术感的独立设计师品牌　　　　　　　　　11
　　2.2　特立独行的设计师　　　　　　　　　　　　　　14
　　2.3　难以触及的 JAR　　　　　　　　　　　　　　　15
　　2.4　难得的展会　　　　　　　　　　　　　　　　　17
　　2.5　不确定的未来　　　　　　　　　　　　　　　　18
　　2.6　结　语　　　　　　　　　　　　　　　　　　　19
　　思　考　　　　　　　　　　　　　　　　　　　　　19

第 3 章　Chanel 香奈儿

奢侈品营销的大胆尝试与隐忧　　　　　　　　　　　20

　　3.1　奢侈品定价规律　　　　　　　　　　　　　　　21
　　3.2　"全球协调定价"策略　　　　　　　　　　　　22
　　3.3　调价的结果与影响　　　　　　　　　　　　　　23
　　3.4　结　语　　　　　　　　　　　　　　　　　　　25

		思 考	25

第 4 章　**Gucci 古驰**
从危机到重生,奢侈品品牌年轻化战略的典范　　26

4.1　借性感之名,起死回生　　27

4.2　墨守成规,再陷困境　　28

4.3　调整定位,焕发新生　　29

4.4　销售额猛增,名利双收　　30

4.5　结　语　　31

思　考　　32

第 5 章　**Pomellato 宝曼兰朵**
趣味副线,年轻化战略下的奢侈品创新　　33

5.1　副线品牌的诞生与发展　　34

5.2　主、副线品牌产品对比　　35

5.3　主、副线品牌推广模式对比　　38

5.4　发展副线品牌带来的机遇与风险　　41

5.5　结　语　　42

思　考　　42

第 6 章　**Damiani 玳美雅**
专注国际市场,打品牌组合战　　43

6.1　Damiani 实施品牌组合策略的原因分析　　44

6.2　品牌介绍　　45

6.3　协调与配合策略　　50

6.4　品牌组合利弊　　52

6.5　结　语　　54

思　考　　54

第 7 章　Van Cleef & Arpels 梵克雅宝
做珠宝艺术文化的引领者　55
- 7.1　敞开珠宝艺术世界的大门:创办学校　55
- 7.2　分享与传承:设立海外学院　57
- 7.3　做珠宝艺术与工艺的捍卫者:践行企业社会责任　58
- 7.4　结　语　59
- 思　考　59

第 8 章　Buccellati 布契拉提
携手虚拟网红,进军年轻市场　61
- 8.1　Buccellati:来自米兰的艺术珠宝　61
- 8.2　传统营销方式:请明星超模代言　66
- 8.3　客户群体发生改变:千禧一代和 Z 世代登上舞台　66
- 8.4　创新营销方式:与虚拟网红合作　67
- 8.5　结　语　71
- 思　考　72

第 9 章　Repossi 雷波西
百年珠宝品牌的现代蜕变与艺术革新　73
- 9.1　Repossi:重塑传统的艺术珠宝　73
- 9.2　盖娅所作的革新　75
- 9.3　品牌整体形象特色　78
- 9.4　结　语　78
- 思　考　79

第 10 章　Montblanc 万宝龙
与时间同行　80

10.1	钢笔王国的崛起	80
10.2	帝国危机	81
10.3	品牌扩张之路	81
10.4	不同的产品,相同的追求	82
10.5	主与次	84
10.6	结　语	84
	思　考	85

第 11 章　Harry Winston 海瑞温斯顿
与 Swatch 互惠互利的收购　86

11.1	被收购方——Harry Winston 的品牌发展历程	86
11.2	收购方简介	87
11.3	收购背景	89
11.4	收购价格分析	91
11.5	收购影响	92
11.6	结　语	94
	思　考	95

第 12 章　Chimento 奇门托
打造品牌新思路,专注产品组合深度　96

12.1	品牌核心业务:意大利手工艺金饰	96
12.2	品牌产品组合策略:致力于增加产品组合深度	98
12.3	"少而精"的品牌形象	100
12.4	结　语	101
	思　考	101

第 13 章　Mikimoto 御木本
海水养殖珍珠品质管理　102

13.1　Mikimoto 的创业之路　　103

　　13.2　Mikimoto 珍珠的养殖管理　　104

　　13.3　养殖珍珠的挑选原则　　106

　　13.4　坚持高品质的决心　　107

　　13.5　设计案例分析　　108

　　13.6　结　语　　109

　　思　考　　110

第 14 章　**Cartier 卡地亚**

新系列的诞生与成长　　111

　　14.1　灵感选择　　112

　　14.2　设计风格及款式定价　　113

　　14.3　营销推广　　116

　　14.4　结　语　　119

　　思　考　　120

第 15 章　**Fabergé 法贝热**

品牌名称的流转与回归　　121

　　15.1　法贝热的兴衰与涅槃重生　　122

　　15.2　传承家族精神，重塑品牌形象　　125

　　15.3　新系列发布与品牌复兴　　127

　　15.4　彩蛋案例赏析　　128

　　15.5　结　语　　131

　　思　考　　132

第 16 章　**Mauboussin 梦宝星**

放弃奢侈品策略，引领品牌大众化　　133

　　16.1　梦宝星：法国巴黎的高级珠宝　　133

	16.2 奢侈品品牌策略及其重要性	135
	16.3 离开奢侈品行业	136
	16.4 结语	137
	思考	138

第 17 章 Bvlgari 宝格丽

	关爱弱势儿童,明确社会责任	139
	17.1 宝格丽的品牌传承:卓越工艺与独特设计	139
	17.2 Save the Children:宝格丽与救助儿童会的慈善合作	142
	17.3 宝格丽承担的其他企业社会责任	144
	17.4 结语	145
	思考	145

主要参考文献	146

图片来源说明	147

第 1 章

Mellerio 麦兰瑞
15 代珠宝人的薪火传承

MELLERIO
DEPUIS 1613

品牌名称：Mellerio（麦兰瑞）
品牌发源地（年份）：法国巴黎（1613）
公司（或集团）名称：麦兰瑞国际股份有限公司（Mellerio International S.A.）

法国奢侈品品牌 Mellerio 是历史悠久的家族企业。早在 16 世纪，来自意大利北部伦巴底地区的 Mellerio 家族成员移居法国，从事小规模的商品交易，后来逐步发展为著名的珠宝家族，并成为法国王室珠宝供应商。1815 年，Mellerio 在法国巴黎最负盛名的购物街——和平街开设了第一家珠宝店。自 19 世纪中期以来，该品牌发展迅速，业务遍及欧洲，最终成长为全球顶级珠宝品牌。从 1613 年创立至今，Mellerio 已传承 15 代，其珠宝作品蕴含着深厚的历史积淀。在品牌发展历程中，Mellerio 始终坚持家族经营模式，这一传统成为其持续发展的重要基石。

1.1 Mellerio 家族的传承史

Mellerio 家族的传承，可谓一波三折。在 400 多年的时间里，Mellerio 家族经历了产业萌芽、发展、崛起、受挫、再崛起的过程。他们凭借着精诚合作、永不放弃的家族精神，让 Mellerio 品牌具备了奢侈品品牌难得的人文情怀。

1.1.1 初创阶段

1. 起源:获得法国珠宝经营特权

16世纪,意大利北部的伦巴底就以数量众多的珠宝手工作坊而闻名,Mellerio 也是其中的一家。为了拓展业务,Mellerio 家族中有不少成员常年穿越阿尔卑斯山,来往于意大利和法国之间。虽然法国王室对珠宝的需求量很大,但由于竞争激烈,Mellerio 在法国的业务起初并未取得突破性进展——与其势均力敌的珠宝作坊实在太多了。然而,一个极具传奇色彩的机遇最终让该品牌获得了王室的青睐。

当时,法国波旁王朝年幼的国王路易十三刚刚即位,一些大臣密谋篡位,并在一间屋子里讨论刺杀国王的计划。恰巧一位年轻的伦巴底工匠正在清理这间屋子的烟囱,无意中听到了这个惊人的秘密。他立刻向自己的主人——Mellerio 家族的一位长辈汇报了这个情况。这位长辈当机立断,把情报转呈国王的母亲、摄政王玛丽·德·美第奇(Marie de Médicis)。一场恶性事件被制止,密谋叛乱的贵族也立刻被处决。1613年,为了表彰 Mellerio 家族在挫败针对路易十三的阴谋中所作的贡献,摄政王赐予他们特权。该法令特许 Mellerio 家族在法国经营业务,免除常规的行政限制,并享受极优惠的税收政策(图1-1)。这项照顾政策一直延续至路易十六时期,得到了其间法国所有国王的认可与维持。

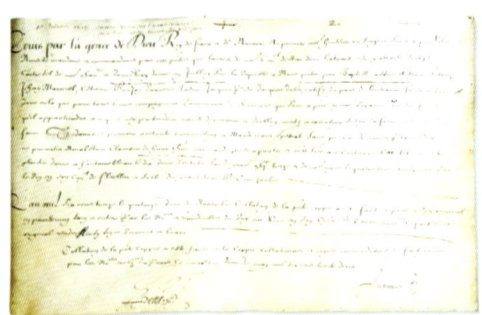

图1-1 授予 Mellerio 家族王室特权的文件

就这样,Mellerio 家族开始了奇异而迅速的崛起。

让·巴蒂斯特·麦兰瑞(Jean-Baptiste Mellerio)自幼受父亲熏陶,性格开朗幽默,常与路人及街边商贩谈笑风生,这种与生俱来的幽默感让他极具亲和力。

有一天,法国路易十六时期的王后玛丽·安托瓦内特(Marie Antoinette)偶然中听闻他的谈吐,被其魅力所吸引,马上命侍者召见。这位来自意大利的年轻人在王后面前依然保持着幽默本色,让王后开怀大笑。这次会面成为他人生的转折点——自此,他可以自由出入凡尔赛宫,并成为王室供应商。

在路易十六统治时期,Mellerio 家族开始在法国珠宝业中占据重要地位。让·巴蒂斯特·麦兰瑞在薇薇安街 20 号开设了一家精品店,名为"Mellerio-Meller",它专门制作供王室使用的贵金属配饰,也定制王冠。18 世纪末,Mellerio 家族为玛丽·安托瓦内特王后设计了一款由 7 个刻有浮雕并镶嵌着红宝石的贝壳制成的手链(图 1-2),这件迷人的艺术品在当时引发了极大的关注。

图 1-2 由 7 个刻有浮雕并镶嵌着红宝石的贝壳制成的手链

2. 中断:法国大革命的影响

玛丽·安托瓦内特王后在不久后的法国大革命中香消玉殒。此时,法国国内硝烟四起,Mellerio 家族准备离开巴黎避难。但年仅 21 岁的让·弗朗索瓦·麦兰瑞(Jean-François Mellerio)勇敢地站了出来,留在巴黎全力接续家族事业。在弗朗索瓦的努力游说下,巴黎一些有名望的贵族为 Mellerio 家族作担保,其产业并没有遭到严重的破坏。等局势稳定后,家族其他成员纷纷回到巴黎,而作为功臣的弗朗索瓦却决定去意大利的米兰学习更先进的珠宝设计理念。

3. 发展:在巴黎和平街开设珠宝店

1815 年,从米兰归来的弗朗索瓦正式成为家族事业的领袖。弗朗索瓦在巴黎和平街开设了第一家珠宝店,名为 Mellerio dits Meller(图 1-3)。这一举动在当时是前所未有的,因为其他品牌的珠宝商都聚集在王宫附近。Mellerio 的珠宝店占据了战略性的位置,门店位于当时的政要们经常会面的杜伊勒里宫附近,这些人是 Mellerio 的目标顾客。正是依靠这些上流社会的顾客,Mellerio 开启了商业成功的序幕。

图 1-3　位于和平街的 Mellerio dits Meller 商店

4. 中断:法国二月革命爆发

法国二月革命爆发后,局势动荡,政治、社会的不稳定和金融危机的影响,导致珠宝生意不景气,Mellerio 不得已关闭了位于巴黎和平街的珠宝店。

5. 扩展:获得欧洲多国王室的青睐

为确保家族事业的长远发展,Mellerio 家族的小辈们移民到了西班牙,在当地继续开设珠宝店。此时 Mellerio 已是法国王室珠宝的指定供应商,而欧洲各国王室间本就联系密切。西班牙女王伊莎贝拉二世对 Mellerio 珠宝情有独钟,因而该品牌几乎包揽了女王所有的珠宝需求,顺理成章地成为西班牙王室御用珠宝商。

1852 年,拿破仑三世登上帝位,此时 Mellerio 的珠宝工艺已处于巅峰状态。拿破仑三世及其皇后欧仁妮对 Mellerio 精湛的珠宝制作工艺极为欣赏,并在他们统治期间购买了大量的珠宝首饰。这为 Mellerio 家族的重新崛起奠定了雄厚的基础。

1867 年,Mellerio 得到了意大利"国王陛下御用珠宝匠"授权。维托里奥·埃马努埃莱二世(Vittorio Emanuele Ⅱ)为了庆祝儿子的婚礼,特别在 Mellerio 定制了"野玫瑰与月桂枝冠饰"(图 1-4),作为送给儿媳玛格丽塔(Margherita)的礼物。

图 1-4 玛格丽塔佩戴"野玫瑰与月桂枝冠饰"

19世纪末,荷兰王室也指定 Mellerio 为御用珠宝商。该品牌为埃玛王后(Queen Emma)设计过一套著名的红宝石与钻石珠宝套装,包括一顶王冠和一条项链。其中王冠采用新古典主义风格,以钻石镶嵌成卷涡纹样,并点缀红宝石,整体设计优雅而庄重,后来成为荷兰王室的传世珠宝。

1.1.2 家族系统的构建

Mellerio 家族企业的发展历程深刻体现了家族系统在管理、传承与创新中的多维构建路径。作为历史悠久的珠宝世家,其家族系统的建立不仅依托于血缘纽带与工艺传承,更在企业治理架构、危机应对机制及创新驱动体系等方面展现出高度的战略自觉性与动态适应性。

1. 管理体系的建立

Mellerio 家族管理体系的正式确立可以追溯至 1915 年。当时,拉斐尔·麦兰瑞(Raphaël Mellerio)将企业经营权移交给他的三个儿子——查尔斯(Charles)、莫里斯(Maurice)和伯纳德(Bernard)。这一决策不仅完成了企业的代际交接,更在制度层面形成了家族的三个支系共同参与企业治理的管理架构。这一时期的家族企业经营模式,建立在家族内部权力平衡与合作共治的基础之上,成为 Mellerio 家族系统构建的根基,为企业的稳定与延续奠定了管理基础。

2. 传承危机与管理变革

Mellerio 的上述管理体系在 20 世纪中叶遭遇了传承层面的重大危机。1967 年，接任其父查尔斯成为家族企业负责人的埃米尔·麦兰瑞（Émile Mellerio）骤然离世，这一突发事件导致企业代际传承链条断裂，其子在尚未完成管理历练的情况下被迫临危受命，仓促接掌家族企业的运营重担。与此同时，20 世纪六七十年代的全球珠宝行业正处于剧烈变革之中，市场需求的变化、产业环境的动荡，以及高端定制业务的压力，使得家族企业不得不加速转型。这一阶段，Mellerio 家族在继续维持高端定制首饰生产的同时，拓展了新的业务领域，如自 1981 年起承担法国网球公开赛奖杯制作等标志性项目，以应对行业的不确定性与生存挑战。这一时期的管理体系呈现出"被动转型"与"自我革新"并存的特征，强化了家族系统的韧性。

1.2 Mellerio 家族的经营策略

1.2.1 家族内部的权力平衡

20 世纪初，Mellerio 形成了基本的管理架构，企业由三个支系共同掌控。这三个支系完全平等，不仅个人的薪酬完全相同，所持有的股权也均等分配，且未设置少数否决权。所有的决策需要取得所有合伙人的一致同意方可执行，确保了决策的公正性和全面性。在这样的架构下，每个人都可以利用自己的才能在企业中获得一席之地，领导人的选拔更是秉持着唯贤唯能的原则。此外，每个在 Mellerio 任职的家族成员都有权从自己的后代中挑选出既有抱负又有能力的人来接手股权，以避免资金分散，增强企业的凝聚力。

1.2.2 顺应行业的发展

为了顺应奢侈品行业的发展潮流，确保资本的控制权并持续开拓国际市场，Mellerio 决定吸纳私人投资者。这些私人投资者所持有的发行股票只占总股本的 30%，这一举措既保证了家族对企业的资本控制权，又有效扩大了企业的规模。

1.2.3 双层管理体系

2006年，Mellerio家族企业进行了重组，开始实行以家族治理层与专业管理层协同运作的双层管理体系。

家族治理层由家族核心成员（以第14代、第15代传人为主体）组成，负责企业战略决策体系的构建与监督，具体涵盖战略规划制定、品牌文化传承、重大投资决策及传统工艺保护等领域。家族治理层在坚守品牌精神及历史文化遗产的同时，着力构建系统化的继承人培养机制，通过提供艺术工艺、企业管理、品牌历史等多个维度的教育内容，确保每一代成员具备应有的责任意识与专业素养。

专业管理层则由外聘精英与内部选拔培养的职业经理人共同组成，全面负责企业的日常运营管理，包括市场营销、产品开发、财务管理、人力资源及供应链管理等。该层级运用现代企业管理工具和流程，提升企业的运营效率，确保品牌在全球奢侈品行业的市场竞争力。

1.3 家族经营的优劣势

1.3.1 优势

1. 执行力强

家族企业经营是以血缘关系为基础、以家族为单位的一种经营模式。在这种模式下，企业采用集权式决策，权力往往高度集中。这种决策方式使企业能够迅速应对多变的市场环境，及时调整策略。由于家庭成员长期共同生活形成的默契和高度认同感，决策者的理念能够更高效地转化，从而使企业具备较强的执行力。

2. 组织资源成本低

在创业初期，企业往往面临着资金、技术、管理等资源短缺的问题，一旦其中任何一个环节出现问题，企业就可能面临破产风险。家族内部资源正好可弥补这些不足,家庭成员的参与常常是创业时最宝贵的低成本组织资源。

3. 企业凝聚力强

家族企业从成员间亲密的血缘关系、共同的成长经历、相通的价值理念及前辈的创业历程中汲取了特别的力量。家族成员将企业资产视为家族共有财产,将企业经营纳入家族事务的核心范畴,由此形成了"企业即家族延伸"的牢固观念。在这种观念引导下,企业内部更容易形成强大的凝聚力。

1.3.2 劣势

1. 决策的专断性

家族企业早期成功的重要因素之一在于其决策的专断性,这种专断性有助于企业抓住机遇并迅速取得成功。然而,随着企业的不断壮大,集中式的决策可能会导致企业经营战略上的失误。为了避免决策的专断性,Mellerio 企业内部采取重大决策双审机制,即面对重大事项时,家族治理层须与专业管理层协商,以保证决策的合理性。这一举措有效降低了决策失误的风险。

2. 易发生财产纠纷

家族企业的产权通常为共有式产权。在这种产权模式下,家族成员之间的财产关系往往不够明确,容易引发股东之间的利益纠纷,进而影响企业的稳健发展。Mellerio 家族通过制定明确的绩效考核机制、设定财务透明度要求,并进行规范管理,有效避免了家族治理可能带来的内部失衡风险,实现了经济和权力的统一,不易引起纠纷。

3. 企业的融资渠道窄

家族企业的融资渠道较窄,风险承受能力较弱,容易出现资金链断裂的问题。为了顺应市场潮流和满足企业发展的需要,Mellerio 决定吸收私人投资者,但这些投资者不享有投票权,从而保证了家族对企业的资本控制权。

4. 人才容易流失

人才容易流失也是家族企业的弊端之一。由于真正有才能的人可能难以融入家族企业,因此企业难以向更高层次发展。尽管 Mellerio 家族人才辈出,拥有许多优秀的珠宝设计师,但家族成员依然公平对待所有员工,让更多优秀人才有机会创造出更加精彩的作品。他们给予人才足够的尊重,发掘其艺术天赋,使其才华技艺更好地服务于企业发展。

Mellerio 作为久负盛名的珠宝品牌,其优秀的家族企业管理制度是成功的关键。企业利益的合理分配、优秀人才的任用、敏锐的市场观察力及正确的品牌定位,共同促使 Mellerio 在行业中处于世界领先地位。

1.4 结　语

综合来看,Mellerio 在高端珠宝市场中具有独特的竞争优势。这一优势不仅体现在品牌悠久的历史和丰富的文化底蕴上,还表现在其代代相传的珠宝制作技艺和不断创新的设计理念中。然而,随着市场环境的不断变化,Mellerio 也面临着诸多挑战。如何在保持传统和独特性的同时,适应现代市场的需求,进行有效的品牌扩展,是其需要持续思考和解决的问题。

首先,家族企业在市场适应能力和灵活性方面通常较为欠缺,这可能会影响其在快速变化的市场中的竞争力。其次,资源的相对有限性可能会制约企业在创新和扩展方面的能力。此外,代际传承和管理问题也是家族企业面临的重要挑战。如何在保持企业可持续发展的同时维护家族团结统一,是需要精细管理的复杂课题。

在全球化和市场多元化的背景下,Mellerio 必须在提升品牌认知度和加强市场营销方面进行更积极的布局,以吸引更多的国际消费者和年轻一代。同时,虽然品牌的历史积淀与文化传统是重要的无形资产,但过于依赖传统可能会阻碍其与现代潮流及消费者需求同步。因此,品牌需要在保持自身独特性的基础上,积极探索创新和现代化的道路。

总的来说,Mellerio 珠宝品牌需要在传承与创新、家族经营与市场扩展之间找到恰当的平衡点,以应对现代市场的挑战,确保其在高端珠宝市场中的持续竞争力和影响力。

思　考

（1）Mellerio 的家族经营模式为品牌带来了巨大的成功。请问，在未来，Mellerio 是否会像其他家族珠宝企业一样面临被收购的风险？

（2）Mellerio 的成功为珠宝行业带来了哪些启示？

第 2 章

JAR
颠覆传统的"反市场"奢华

品牌名称：JAR
品牌发源地（年份）：法国巴黎（1977）
公司（或集团）名称：无（个人经营）

JAR 是众多奢侈品品牌中的一朵奇葩，也是珠宝界最神秘的存在。这个成立 40 余年的品牌在全世界只有两个香水销售点和一家无固定开关门时间的珠宝店。其珠宝店位于法国巴黎市中心旺多姆广场 7 号，既没有醒目的招牌，也没有精美的展示橱窗，令人难以估量门后的精彩世界。然而，对珠宝藏家而言，当代知名珠宝设计师乔尔·亚瑟·罗森塔尔（Joel Arthur Rosenthal）的珠宝店却是他们的朝圣之地。JAR 珠宝不仅设计风格独特、工艺精湛，而且数量稀少——年产量仅 70 件左右。该品牌擅长制作极具动感与立体深度的珠宝，深受全球时尚先驱及珠宝藏家喜爱。

2.1 充满艺术感的独立设计师品牌

乔尔·亚瑟·罗森塔尔是 JAR 的创始人，也是其唯一的主设计师。罗森塔尔 1943 年生于美国纽约，毕业于哈佛大学，主修艺术史与哲学。毕业后，他定居法国巴黎，曾为电影编剧，还从事过刺绣和纺织品设计工作，其作品受到爱马仕

(Hermès)及华伦天奴(Valentino)等品牌设计师的青睐。20世纪60年代末,罗森塔尔在巴黎结识了皮埃尔·让内(Pierre Jeannet),后者成为他的商业伙伴。两人因对古董珠宝的共同兴趣,开始为珠宝商设计作品。1977年,凭借对宝石的独特眼光和艺术天赋,罗森塔尔在巴黎旺多姆广场开设了JAR珠宝店,仅提供私人委托的珠宝定制服务。

2.1.1　独特的设计风格

JAR的珠宝设计灵感来源广泛,包括自然界的动植物、各个地区的不同文化,甚至简单的几何线条。其珠宝作品中最出名的是自然灵感珠宝,这类作品常常借鉴花卉和蝴蝶的自然形态,或者呈现为经过抽象处理的螺旋和球体形态。这些作品虽有共通之处,但无法构成系列,每一件都是独一无二的艺术精品。

图 2-1　Parrot Tulip 胸针

自然元素一直以来都是珠宝设计常用的素材,但JAR珠宝显然在用色上更加大胆。JAR珠宝色彩艳丽、光彩照人,其设计运用了许多独特的色彩搭配,渐变与对比都恰到好处。例如,JAR的Parrot Tulip胸针,以拥有独特花瓣形态和斑斓色彩的鹦鹉郁金香为灵感,通过精心搭配钻石与彩色宝石,将花朵的灵动与生命力凝固于作品中(图2-1)。每一粒宝石,从大小到颜色,都经过了罗森塔尔的精心挑选。通过精细的密镶工艺,璀璨的宝石均匀地覆盖每一处金属表面,无论远观还是近看,作品都完美无瑕。

2.1.2　特殊的材料选择标准

JAR珠宝不仅是设计作品,更是绝美的艺术品。在这里,宝石及其他材料自身的价值被有意弱化,艺术表达成为核心。

JAR对宝石的挑选从不拘泥于行业公认的品质标准,而更看重宝石的颜色和质感,往往会选择那些极为罕见、拥有特殊颜色和质感的宝石,其中不乏尺寸巨大的戈尔康达钻石和顶级红蓝宝。例如，The Pink Golconda Diamond 戒指（图 2-2），其主石是一颗 10.46 克拉的淡粉色钻石，来自印度最古老的戈尔康达钻石矿。戈尔康达钻石品质上乘，在市场上难得一见，因而备受王室及宝石鉴赏家追捧。

图 2-2　The Pink Golconda Diamond 戒指

同时，JAR 珠宝作品也会用到木头、有独特镀色的金属铝，甚至甲壳虫那闪闪发亮的鞘翅。主石和配石的概念边界逐渐模糊，所有宝石在设计中具有平等的价值属性，只因表达需求的差异而被赋予不同的视觉定位。

JAR 珠宝作品中选用的金属品种多样，不只是传统的金、银。为了凸显宝石的色彩，JAR 特意配制了一种特殊的合金，它并不显眼，不会喧宾夺主，因而使人们将视线集中到艳丽的宝石和精美的造型上。JAR 从未公开过这种合金的具体配方，所以它的制作方式仍然是个秘密。除了将金属用作珠宝的辅助结构部件外，JAR 还会用纯金属制作珠宝。同样，为了追求视觉上的色彩效果，JAR 放弃了贵金属，转而选择了铝、钛这种更容易着色的金属。这些金属密度较小，因而制作珠宝时有了更大的设计空间。图 2-3 中这枚栩栩如生的大象胸针，其主体部分便使用了钛金，其顶部饰以美好年代风格的钻石冠饰。

图 2-3　JAR 大象胸针

2.2 特立独行的设计师

对于JAR的创始人、美国珠宝设计师乔尔·亚瑟·罗森塔尔,你可以说他的名气很小,因为即便向美国人提起他的名字,估计他们大多也会一脸茫然;但从另一方面来说,他的名气又很大,因为许多巨贾名流都把得到他设计的珠宝当作一种极大的荣幸。

2.2.1 拒绝采访

罗森塔尔之所以给人感觉十分神秘,是因为他为人相当低调。他的脾性着实让媒体从业者感到无助——一切消息都密不透风。他一般不接受媒体采访,各家媒体对其资料都知之甚少。罗森塔尔不仅自己拒绝与媒体交流,还不允许朋友在未经自己同意的情况下告诉记者任何有关自己和珠宝店的信息。

即便采访请求得到了肯定的答复,记者们也不能掉以轻心。毕竟,面对一个曾经以轻描淡写的一句"有事"为借口放了众多记者"鸽子"的采访对象,没有哪家记者敢保证自己的采访能够顺利进行。

2.2.2 设计上的绝对主导者

JAR的团队只有一个核心,就是罗森塔尔。他在设计上拥有绝对的主导权,整个创作过程完全由他掌控,不容他人干预。

JAR珠宝的设计全权由罗森塔尔负责。为了保证自己设计思路的完整性和作品的独立性,他不允许助手参与设计决策,甚至会对质疑的客户失去合作兴趣,直接拒绝委托。然而,一旦接受订单,JAR的服务便无可挑剔——从设计到选材,乃至包装盒的挑选,罗森塔尔都会亲自严格把关。

2.2.3 掌握销售自主权

尽管JAR提供各项贴心的服务,但品牌始终坚持一项特殊原则——保留拒绝出售的权利。JAR最重视的永远是顾客与珠宝的契合度,只会为客人呈现最适合的珠宝。

如果罗森塔尔认为某件珠宝与客人的气质不符,即使客人执意购买,他也会拒绝出售。同样,若定制珠宝最终未能完美匹配客人,他同样会放弃交易。在他看来,唯有真正适合主人的珠宝,才能称得上"私人定制"。

2.3 难以触及的JAR

JAR珠宝一直以精美、独特、稀少著称,稀少是其最大的特点。几乎没有购买渠道的JAR珠宝,真正做到了"让人看一眼都成为奢侈"。而这恰恰符合奢侈品的特点,对人们来说,越难得到的东西,想得到的欲望越强。

2.3.1 极低的产量

俗话说"物以稀为贵",JAR印证了这个说法。JAR珠宝几乎全部由主设计师罗森塔尔完成,他仅与四名助手合作,每年制作约70件珠宝,且每件均为孤品。如此稀少的产量,使得众多渴望拥有JAR珠宝的藏家难以如愿。在没有其他购买渠道的情况下,一枚22.76克拉的JAR钻戒曾经拍卖出了180万美元的高价,足见JAR珠宝的珍贵与抢手。

2.3.2 对客户的筛选

JAR永远不会像其他店铺一样去招揽客户,想要进它的门,只能自己去敲,而这扇门也不是随便谁都能敲得开的。JAR的客户有传奇珠宝收藏家莉莉·萨夫拉(Lily Safra)、"华尔街收购之王"亨利·罗伯茨·克拉维斯(Henry Roberts Kravis)、美国演员、第71届奥斯卡最佳女主角格温妮斯·帕特洛(Gwyneth Paltrow),以及美国著名歌星麦当娜(Madonna)等。可见,JAR的客户多为社会名流,也只有达到这种层次的人,才有能力拥有如此珍品。

2.3.3 特别的店铺

在这个信息发达、交通便利的时代,许多珠宝奢侈品品牌都被全渠道营销的优点所吸引,努力扩大分销渠道。然而,JAR仍然不遗余力地使品牌变得难以触及,主动设置购买障碍。

1. 珠宝店

在全球范围内,JAR仅有一家珠宝店,位于巴黎旺多姆广场7号。这家店面低调隐蔽,没有醒目标识和展示橱窗,且以厚重的粉色窗帘将店内陈列完全遮挡(图2-4)。更特别的是,这家店常年大门紧闭,外人无从知晓店内是否有人。能够获准进入JAR的顾客,都需要经过严格的筛选。

图2-4 JAR珠宝店

2. 香水销售点

当然,JAR也并非与外界完全隔离。除珠宝外,JAR还推出过名为JAR Parfums的香水系列,但其销售渠道极其有限。可靠报道显示,JAR香水仅在全球两个地点有售:一是巴黎旺多姆广场附近卡斯蒂利奥内街14号(14 Rue de Castiglione)的JAR香水沙龙,二是纽约第五大道的波道夫·古德曼(Bergdorf Goodman)百货公司专柜。这两处是购买JAR香水的唯二渠道,这种独特的销售模式正是JAR维持品牌神秘感与商品稀有性的策略之一。

2.3.4 对网络的排斥

JAR的珠宝之所以难得,是因为普通人根本不知道从何处找到它。

第2章 JAR
颠覆传统的"反市场"奢华

在交通运输和电子商务如此发达的当今社会,JAR就像一位久居深山的隐者,对外界毫不关心。这个特殊的品牌没有电商平台,没有官方网站,没有零售商,不投放广告,甚至唯一的珠宝店也并非用于售卖珠宝。可以说,通过任何你能想到的购物方式,都无法买到这个品牌的珠宝。除了期盼着JAR再次举办开放性展览,就只能期盼着自己能够入JAR的"法眼"了。JAR的这种做法与其品牌理念高度一致——他们刻意保持神秘感和难以接近的形象,不通过常规的营销渠道(如网站)推广产品。这种策略反而强化了品牌的稀缺性和吸引力,符合高端奢侈品的定位。

2.4 难得的展会

JAR的珠宝不仅难以购得,就连一睹其风采也极为不易。成立40余年来,JAR仅仅举办了三次珠宝展。

1987年,JAR在美国纽约曼哈顿区的国家设计学院举办展览,时长只有三小时,且仅限受邀请的嘉宾参加。展厅内一片漆黑,与会的客人进门后可领取一个手电筒,必须要打开手电筒才能欣赏精美的珠宝。

2002年,JAR在英国伦敦萨默塞特宫举办大型珠宝展。这次展会意义重大,吸引了全球时尚界人士的目光。展览汇聚了400件JAR珠宝珍品,为答谢145位慷慨借出珠宝用于展览的顾客,JAR向每人赠送了一对Pansy有色铝金属耳环(图2-5)。这份礼物别具象征意义——Pansy意为三色堇,其法语是Pensée,亦有"心思"之意,传统上法式珠宝会以三色堇代表"体贴"。同时,JAR为参加展览的客人准备了1000副彩色三色堇耳夹,这是品牌首次公开售卖此类单品,这些耳夹在几天内便被抢购一空。

图2-5 Pansy有色铝金属耳环

2013年,纽约大都会艺术博物馆为JAR珠宝举办了一场专题展览(图2-6)。这看似平常,实则具有里程碑意义:罗森塔尔成为该馆历史上首位举办个人展览的在世珠宝设计师。时任大都会艺术博物馆馆长托马斯·P. 坎贝尔(Thomas P. Campbell)在采访中评价道:"罗森塔尔是当代杰出的珠宝设计师之一,他堪称一位珠宝雕塑家。"

图2-6 大都会艺术博物馆JAR珠宝展内部展卖会上的商品

2.5 不确定的未来

与传统营销中"顾客是上帝"的理念截然不同,在奢侈品品牌管理中,不轻易迎合消费者的策略能够让产品保持持久的吸引力和新鲜感。JAR以设计背后的理念为主导,积累了不凡的声誉。然而,由独立设计师独立经营的品牌,其未来仍然充满不确定性。

JAR的最大特色在于定制珠宝,即那些由罗森塔尔亲手设计的私人珠宝作品,这些作品才是JAR真正的招牌。然而,罗森塔尔终有一天会退出珠宝界。在保持其小众特色的前提下,是否会有人延续这一传奇,以及继承人是否具备续写传奇的能力,这些都是未知数。凭借罗森塔尔个人魅力独树一帜的JAR即将面临这一难题——在没有罗森塔尔的情况下,品牌该如何持续发展?

尽管JAR极少在公众场合露面,但从最初的小规模邀请展,到后来举办无门槛珠宝展并公开销售限量品,可以看出JAR正在尝试与大众接触,努力让更多人了解品牌。香水销售点的开设进一步证实了这一点——它正在为人们创造了解品牌的机会。然而,这些变化究竟是JAR为转型所做的准备,还是为了吸引新一批高质量的客户,目前尚无法得出明确的结论。唯一可以确定的是,这些举措为JAR未来的持续发展埋下了伏笔。

2.6 结 语

JAR凭借其独特的"反市场"经营理念,以及独一无二的定制珠宝,成为难得的"真正的奢侈品品牌"。它的奢侈不仅体现在宝石的昂贵上,更体现在贴近人心的设计和对人们追求独特性心理需求的满足上。然而,这样的经营模式也存在很大的风险,是私下培养成熟的继承人来延续这一模式,还是通过逐渐增多的展会来接触潜在目标客户?JAR在未来数十年的发展方向仍然难以预见。

思 考

(1) JAR珠宝选用材料时完全不看其原有价值,这些被称为"贱金属""低级材料"的材质,是否配得上"奢侈品"的称谓?理由是什么?

(2) 对于奢侈品行业而言,维持小圈子的做法究竟是利大于弊,还是弊大于利?JAR的经营模式对于其他品牌是否适用?

(3) JAR是否会为了生存而改变?它在未来可能会作出哪些改变呢?说说你的看法。

第 3 章

Chanel 香奈儿
奢侈品营销的大胆尝试与隐忧

品牌名称：Chanel(香奈儿)
品牌发源地(年份)：法国巴黎(1910)
公司(或集团)名称：路威酩轩(LVMH)集团

香奈儿品牌由嘉柏丽尔·香奈儿(Gabrielle Chanel)创立于1910年(图3-1)。她自由而大胆,敢于打破常规,在当时堪称先锋。她设计的服装化繁为简,借鉴男装元素,解放了女性的身体,打造出隽永而现代的优雅风格。

图 3-1 嘉柏丽尔·香奈儿

自1983年起,德国设计师卡尔·拉格斐(Karl Lagerfeld,已于2019年去世)担任香奈儿的总设计师,面向优雅且具有消费能力的时尚女性,将香奈儿的服装设计推向了一个新的高峰。如今的香奈儿,传承了嘉柏丽尔·香奈儿的优雅气质和现代时尚精神,在时装、香水与化妆品、腕表与高级珠宝等各个领域,不断书写新的美丽篇章。

由于汇率波动和欧元贬值,各国香奈儿商品原有的价格差异被进一步拉大。为了缩小全球范围内的价格差异,香奈儿公司于2015年3月18日宣布实施"全球协调定价"策略,并从2015年4月8日起开始调整全球商品定价。具体而言,香奈儿在欧洲市场的售价上调了大约20%,而中国内地①的香奈儿商品价格则下调了20%,以此缩小全球市场的定价差异,目标是将价格差异控制在5%以内。

3.1 奢侈品定价规律

奢侈品定价是一门复杂的艺术,它远远超出了简单的成本加成模式。这一过程涉及多个因素,包括品牌价值、市场定位和消费者心理等。奢侈品不仅是一种产品,更承载着高度的象征价值。这种象征价值虽然难以进行定量分析,却深刻体现了品牌的核心价值。因此,奢侈品定价体系极为严谨,遵循着独特的定价逻辑,不会轻易调整价格。奢侈品的价格应与消费者对其价值的感知相匹配。作为身份地位的象征,奢侈品价格的变动也会对消费者心理产生影响。随着全球化的推进和信息透明度的提高,奢侈品品牌越来越倾向于实行全球统一定价,这不仅有助于维护品牌的全球形象,还能减少跨境购物和代购对品牌的影响,并更好地应对汇率波动。

3.1.1 品牌溢价

奢侈品定价往往基于产品的使用价值、功能属性,以及品牌的梦想价值和象征价值。品牌的象征价值越高,产品定价通常越偏离成本逻辑,关键在于创造让顾客认同的高价值感知——这种价值不仅源于产品本身,还来自销售过程中顾

---

① 中国香港的香奈儿商品价格也有所下调,但具体幅度因产品而异。有报道指出部分产品降价幅度超过20%,也有说法称平均降价幅度为13%或7%。因此,本章中的"中国内地"不包含香港地区。

客获得的精神享受与情感共鸣。当消费者认可奢侈品所承载的文化特质与身份象征时,便愿意为其支付额外溢价。为实现溢价最大化,品牌须精准定位目标客户群,通过分析不同消费群体的审美偏好与支付能力,将价格设定与其心理价值预期相匹配,使顾客在获得产品功能价值的同时,更因情感满足与身份认同而产生"物超所值"的消费判断。

3.1.2 相对稳定的价格

奢侈品的价格需要保持相对稳定,稳定的价格意味着稳定的品质。打折促销从来不是顶级奢侈品的生存之道——如果奢侈品企业为了提高销量而降低价格,就会削弱品牌的高端形象,进而冲击其奢侈品定位。但奢侈品的价格也不是一成不变的,奢侈品企业会根据经济的发展适时调整产品的价格。

3.2 "全球协调定价"策略

奢侈品的定价取决于品牌的象征价值,商品的价格降低,意味着象征价值也随之降低,这会对奢侈品的品牌形象产生不利影响,所以奢侈品很少调整价格。但是欧元汇率的波动,导致全球各地的奢侈品价格差异拉大,为了维护统一的品牌形象,香奈儿决定实行"全球协调定价"策略。

长期以来,中国一直是香奈儿的第三大市场。然而,2015年欧元贬值,欧元兑换人民币的汇率下降,导致中国内地的香奈儿产品售价远高于欧洲地区。其结果是,大量中国消费者选择前往欧洲购买香奈儿产品,以至于欧洲地区的香奈儿门店销售火爆、经常断货,而中国内地的香奈儿门店则顾客稀少,几乎变成了仅供展示商品的店面,同时还需承担巨额运营成本,使得该品牌在中国的利润不断缩减。

为了使中国内地的消费者回流到国内市场,香奈儿公司于2015年3月18日宣布实施"全球协调定价"策略。此次调价主要针对香奈儿的皮具,不涉及服装、鞋履及首饰。首先调整售价的是香奈儿销量最好的经典款(11.12款和2.55款)与Le Boy Chanel手袋系列。比如11.12款手袋(图3-2),在欧洲的售价由3550欧元(约合2.35万元人民币)上调至4260欧元(约合2.82万元人民币),而中国内地的售价则由3.82万元下调至3万元,通过双向价格调整,缩小了地区价差。

图3-2 Chanel 11.12经典款手袋

突然降低的价格让中国内地的香奈儿门店客流量激增,各大专卖店门口纷纷出现排队"长龙",许多经典款式面临缺货问题。中国香奈儿门店的销售量在短时间内大幅提升,进一步促进了国内奢侈品消费的增长。

3.3 调价的结果与影响

3.3.1 调价的结果

一直以来,中国内地顾客为了追求较低的价格,倾向于在欧洲的香奈儿门店消费。香奈儿国内专卖店的产品降价,吸引了更多有购买力的中国消费者选择在国内消费,以便获得更好的奢侈品购物体验,这进一步提升了奢侈品在中国的销量。

1. 对假货与代购市场进行了有效打击

香奈儿近年来的市场调查显示,在中国流通的大部分香奈儿产品(尤其是手袋等配饰产品)都是假冒商品,导致香奈儿在中国的市场陷入困境。降价措施使得正品与假货的价格差异缩小,打击了假货市场。

在香奈儿公司调价之前,中国内地和欧洲地区的香奈儿商品价格差异较大,有些款式在中国的价格甚至比欧洲市场高出50%~60%,所以很多中国消费者更倾向于支付产品售价10%~15%的"代购费",委托他人海外代购。降价措施缩小了各国市场的价差,使得海外代购的利润空间降低,国内消费者更倾向于在本地专柜购买香奈儿商品,海外代购的热度也随之下降。

2. 营业状况波动

降价措施在短时间内为香奈儿带来了销量增长。但与此同时,商品单价的降低与成本结构的影响,导致香奈儿营业总利润下滑。德勤咨询公司编制的香奈儿财报显示,从2015年起,香奈儿的业绩就开始下滑:截至2015年12月31日的财年内,营业利润下滑23%,销售额下滑17%,至62.4亿美元;2016年销售额较上一财年下跌9%,至56.7亿美元,净利润同比大跌35%,至8.74亿美元。2017年,得益于新款香水Gabrielle的畅销,品牌业绩才开始回暖,销售额同比上涨11%,至62.9亿美元,净利润大幅回升106%,达18亿美元。

3.3.2 调价的影响

1. 大量奢侈品品牌纷纷降价

香奈儿的调价行为带动了其他奢侈品品牌的降价联动效应,大量奢侈品品牌纷纷降价。迪奥(Dior)也出台了类似的调价策略,下调了部分经典款的价格,降幅达10%~15%。随后LVMH集团旗下的瑞士腕表品牌泰格豪雅(TAG Heuer)宣布在中国、美国、瑞士同时降价,其中中国香港下调13%,中国内地下调8%,显著缩小了产品在全球范围的价格差异。

2. 导致品牌形象与定位在消费者心中弱化

一直以来,香奈儿代表着优雅、时尚的奢侈品形象,面向有消费能力的时尚女性。"全球协调定价"策略削弱了香奈儿作为高端奢侈品品牌的优势,促使其品牌走向大众化,变得更"亲民",这背离了香奈儿的品牌定位。一般认为,奢侈品品牌应保持高端定位,通常只会涨价,很少降价,而且奢侈品在异地市场的价格差异体现了奢侈品在非原产国的稀有度。

香奈儿的降价行为虽然在短时间内提升了销量,促进了中国国内的奢侈品消费,但不少人认为调价行为使得香奈儿忠实顾客的购买热情降低,品牌形象在顾客心中弱化,该行为背离了高端奢侈品品牌的定位。

3.4 结　语

香奈儿的"全球协调定价"策略是奢侈品行业中一次大胆而富有争议的尝试。这一策略旨在缩小全球市场的价格差异,同时应对汇率波动带来的挑战。尽管它在短期内促进了中国国内的奢侈品消费,打击了假货和代购市场,但也引发了关于品牌定位和消费者心理的诸多疑问。

这一策略的实施凸显了奢侈品品牌在全球化背景下面临的挑战——如何在保持品牌独特性和稀缺性的同时,适应不同市场的需求和经济环境?香奈儿的这一尝试不仅对自身产生了深远影响,还引发了整个奢侈品行业的连锁反应,促使其他品牌重新思考其全球定价策略。

然而,降价举措是否与奢侈品的本质相悖?这是否会对品牌形象和消费者心理产生长期影响?这些问题仍然悬而未决。香奈儿的"全球协调定价"策略可能预示着奢侈品行业正在向更加透明、理性的方向发展,但同时也面临着维持品牌魅力和独特性的挑战。

未来,奢侈品品牌或许需要在全球一致性和本地化策略之间寻找新的平衡点。它们可能需要采取更加灵活的定价策略,同时通过创新设计、卓越品质和独特的品牌体验来巩固其高端定位。香奈儿的这次尝试,无疑为整个行业提供了宝贵的经验和思考方向。

思　考

(1) 香奈儿于2015年实行的"全球协调定价"策略,使得众多奢侈品品牌纷纷跟风降价,你是否认可香奈儿的调价行为?

(2) 香奈儿的降价行为是否促使国人形成更加理性的奢侈品消费观念?这是否预示着奢侈品过度消费时代的终结?

第 4 章

Gucci 古驰
从危机到重生,奢侈品品牌年轻化战略的典范

品牌名称:Gucci(古驰)

品牌发源地(年份):意大利佛罗伦萨(1921)

公司(或集团)名称:开云(Kering)集团

自1921年创立至今,Gucci从佛罗伦萨的一间手工作坊发展为全球领先的精品品牌,秉持独特创意与创新精神,传承精湛的意大利传统工艺。品牌以其独特的历史传承方式,影响着20世纪到21世纪的时尚与文化。

品牌创始人古驰奥·古驰(Guccio Gucci)于1881年3月26日出生在佛罗伦萨。1897年,青年时代的他前往伦敦,在萨沃伊酒店(Savoy Hotel)担任行李员。在这里,他见识了国际上流社会的文化,其中,上流人士携带的行李箱尤为吸引他的目光。1902年,他怀揣着梦想回到家乡,希望有朝一日能够打造自己的同名行李箱品牌。1921年,古驰先生在佛罗伦萨开设了自己的首家精品店与制作工坊(图4-1),专营英式行李箱。自20世纪60年代中期起,Gucci开始生产成衣,并于1972年在纽约第五大道699号开设首家服装专营店。

20世纪70年代,Gucci开始着手举办系列发布会,地点常设于瑞吉酒店(St. Regis)。1981年,该品牌推出的Flora花卉系列单品在佛罗伦萨皮蒂宫举办的时装周(如今的米兰时装周即由这一时装周演变而来)上惊艳亮相。这一时期,

图 4-1 位于佛罗伦萨 Gucci 制作工坊的工匠正在制作行李箱

Gucci 生活方式系列亦不断推陈出新,涵盖了棋盘游戏、网球装备、雨伞、宠物狗旅行包和家饰系列等多种单品。

20 世纪的结束同时也标志着新时代的开始,多位杰出的设计师相继以品牌创意总监的身份,通过独特的视角来延续并提升品牌的魅力。1994 年,汤姆·福特(Tom Ford)担任此职;2006 年,由弗里达·贾娜妮(Frida Giannini)接棒;2015 年,亚力山卓·米开理(Alessandro Michele)成为新任创意总监;而到了 2023 年,这一职务则由萨巴托·德·萨诺(Sabato De Sarno)担任。

4.1 借性感之名,起死回生

Gucci 创立于 1921 年,经过数十年的持续发展,至 20 世纪 70 年代已成功将其商业版图扩张至全球。然而,进入 20 世纪 80 年代后,由于 Gucci 家族内部出现问题,品牌境遇急转直下,最糟糕的一年亏损额达到了 6500 万美元,当时品牌的经营者毛里齐奥·古驰(Maurizio Gucci)个人也背负了高达 4000 万美元的债务,公司濒临破产。转机出现在 1994 年。时任 Gucci 女装成衣系列设计师的汤姆·福特(他后来于 2004 年自立门户,创立同名品牌 Tom Ford)接任品牌创意总监一职后,摒弃了往日的华丽与拘束,引入了一种截然不同的品牌形象,融合了性感与颓废的元素,并配以大胆前卫的广告策略。尽管伴随着争议,但他重新定义了 Gucci,使其焕发新生,并赢得了众多欧美明星及名流的喜爱。到了 1999 年,Gucci 已成长为一个市值达到 43 亿美元的大公司。

4.2 墨守成规,再陷困境

2004年,汤姆·福特离开Gucci,随后Gucci回归优雅路线。2004年至2014年的十年间,Gucci的目标客户是成熟人士,虽然保留了性感元素,但品牌整体风格过于成熟精致,显得缺乏活力。值得一提的是,当时中国消费者正不断富裕起来,他们日益增长的彰显身份的需求使得带有品牌标识的奢侈品备受追捧。这一需求也促使Gucci频繁地将品牌名称与双"G"标志应用于各类产品中,从而导致品牌定位逐渐模糊,失去了昔日的时尚性与独特性。

比起服装、皮包,Gucci在珠宝配饰上并未投入过多精力,仅推出精品珠宝系列,而未涉足高端珠宝领域。其珠宝的整体风格简约低调,以金、银饰品为主,结合基础款式并融入品牌标志性的设计元素,如马衔扣、竹节及双"G"图案等(图4-2)。这些珠宝产品通过鲜明醒目的品牌标识彰显佩戴者的身份,尽管价格相对亲民(通常为数千元),早期作为Gucci的入门级产品对消费者具有一定的吸引力,但近十年来,由于缺乏创新性变革,业界开始批评Gucci珠宝设计的单调乏味。此外,这类珠宝产品的定位在一定程度上损害了Gucci作为奢侈品品牌的形象,对于消费者而言,Gucci的珠宝已难以被归类为奢侈品。

图4-2 2014年前具代表性的Gucci珠宝

与品牌产品设计的保守态度形成鲜明对比的,是其激进的销售扩张策略。2004年后,尽管汤姆·福特离开了,但Gucci的品牌形象已然稳固,消费者热情依旧高涨,特别是中国市场。因此,为了满足市场需求,Gucci持续扩大门店规模。2009—2014年,Gucci新增了200家门店,甚至在上海有两家门店仅隔一条街,其扩张速度远超其他竞争对手,令人咋舌。然而,这种扩张策略却导致Gucci的品牌形象开始下滑,其标志性的双"G"符号手袋被贴上"暴发户""土豪"等负面标签,遭到追求个性与时尚的年轻消费者的排斥。

当然,Gucci公司并非没有意识到这一问题,也曾尝试改变。2012年,面对世界经济下行的压力和亚洲市场的低迷,Gucci 公司采取了对策,推行"去 logo 化"运动并上调商品价格,以期提升品牌形象。然而,这些举措并未取得预期成效。截至 2014 年 9 月,Gucci 已连续六个季度业绩下滑,其中 2014 年第三季度销售额下跌 1.6%,创下了四年来季度销售增幅的最低纪录,同时也刷新了在华销售的新低,Gucci 陷入了经营困境。

4.3 调整定位,焕发新生

2015 年,Gucci 迎来新任 CEO 马克·比扎里(Marco Bizzarri)和新任创意总监亚力山卓·米开理。当前者在 2015 年 1 月接过 Gucci 的"权杖"时,这个品牌已经连续两年面临收入下滑的困境。同年,高盛集团发布了一份关于千禧一代消费行为的报告,认为该人群即将进入消费高峰时期。马克·比扎里认为,要抓住这一机遇,开拓年轻人市场,就需要对品牌定位进行重塑,以树立其高端奢侈品的形象。他希望借助亚力山卓·米开理的设计,赋予 Gucci 全新形象,从而吸引年轻消费者。

亚力山卓·米开理接任创意总监之后,彻底改变了 Gucci 珠宝的设计风格:动物、昆虫与植物的造型被巧妙运用,夸张且高调的色彩搭配,珍珠元素的融入,以及丰富多样的细节设计,都与以往珠宝的简约优雅风格大相径庭。即便同样采用双"G"符号,米开理的珠宝设计也展现出更多的创意,令人耳目一新。例如,与街头艺术家特雷弗·安德鲁(Trevor Andrew)合作设计的 Gucci Ghost 系列(图 4-3),以恶搞涂鸦为特色,既有趣又新潮,其街头时尚风格更贴近年轻人的喜好;又如,直接使用放大的双"G"形态,金属部分采用做旧处理,并配以复古夸张的装饰,打造出别具一格的造型,一改年轻消费者对品牌标识的固有看法。

图 4-3 Gucci Ghost 系列饰品

风格转变在珠宝广告大片中体现得更为直观。2015年前,Gucci珠宝广告力图展现女性的性感与优雅;而米开理接手后,广告中的模特完全转变为古灵精怪的复古少女形象。

除了以新风格设计精品珠宝系列外,Gucci还作出了另一重大改变。在2017年决定停止使用皮草后,Gucci推出了高端珠宝系列,以此作为品牌新的高端消费品。为了拓展高端珠宝业务,公司聘请了专业珠宝设计师、资深金匠和宝石匠,并携手外部珠宝工作室共同实施项目。Gucci的高端珠宝系列定位于中高端市场,以K金和珍贵宝石作为材料,通过私人定制等专属服务面向高端客户群体。同时,该系列在定位上也追求年轻化,例如2017年推出的Le Marché des Merveilles系列(图4-4),采用了猫科动物造型,并配以插画师创作的童话故事集进行宣传,这种新颖的形式旨在激发千禧一代的好奇心。与传统珠宝品牌相比,Gucci的优势在于亚力山卓·米开理对珠宝的大胆创新设计,这吸引了追求个性的千禧一代。此外,高端珠宝的产品与服务也有助于重塑品牌在消费者心中的形象,使Gucci重新回归奢侈品行列。

图4-4　Le Marché des Merveilles系列戒指

2015年开云(Kering)集团财报显示,其旗下品牌Gucci的营收较上一年同比增长11.4%。在一年内实现业绩逆转,并连续十个季度保持高位数增长,这一成就归功于2015年初Gucci新上任的CEO与创意总监,他们引领Gucci以崭新的形象打入年轻市场并大获成功。

4.4　销售额猛增,名利双收

Gucci凭借其年轻化的品牌定位及独树一帜的设计风格,取得了巨大成功,销售业绩持续攀升。法国当地时间2018年7月26日，Gucci的母公司开云集团发布了2018年年中财报。数据显示，按不变汇率计算，Gucci在2018年上半年销售额大幅上涨44.1%，达38.53亿欧元，这一数字超过了上一年同期的43%；营业利润则激增62.1%，达14.7亿欧元，营业利润率也创下了历史新高，达38.2%。此外，第二季度销售额同比增长40%，达19.9亿欧元，标志着Gucci已经连续六个季度保持35%以上的销售额增长态势。在年轻消费群体中，Gucci逐渐树立起复古与新潮并存的独特形象，堪称最具新鲜感的奢侈品牌。

Gucci销售额的增长及新任设计总监亚力山卓·米开理声誉的提升，最初得益于社交媒体上年轻意见领袖的推动。米开理曾表示："社交媒体改变了公众对快速更新的事物的接受度，帮助我们更高效地传播品牌信息。"为此，Gucci还发起全球艺术家合作项目，邀请各国创作者基于品牌风格进行艺术创作，其中包括中国艺术家曹斐与时尚插画家郭永的作品。

高端奢侈品百货商店连卡佛（Lane Crawford）的董事长说："当品牌能够利用社交媒体为消费者创造情感内容时，就离成功不远了。每一位消费者都渴望与品牌建立个性化的情感联结。"因此，针对年轻且追求潮流的中国客户群体，连卡佛迅速对电子产品使用量的大幅增长作出了反应。"消费者对品牌的认知相当成熟。当他们走进店铺时，我们面临的挑战是如何与他们的品牌知识储备保持同步，并借助科技手段为他们提供更高质量的服务。为此，我们为时尚顾问配备了iPad，里面装载了所有产品的详细信息，包括新到货品的最新资讯，而且这些信息每天都会进行更新。"

4.5 结　语

尽管奢侈品品牌看起来高贵非凡，高昂的价格让普通大众望而却步，但实际上，它们同样需要迎合消费者与市场，以追求利益最大化。当越来越多的迹象表明，热衷于互联网的年轻人将成为奢侈品消费的主力军时，品牌必须深入了解他们，并据此作出相应调整。Gucci敏锐把握这一趋势并成功实践：从时尚博主到嘻哈艺人，其品牌标识已深度渗透年轻文化圈层。

2018年10月，亚力山卓·米开理上任的第三年，疯狂的销售额增长略有放缓。他表示这很正常，并对Gucci的未来充满信心。事实上，Gucci的成功不仅仅体现在销售数字上,更重要的是它重新定义了奢侈品品牌与年轻消费者之间的关系。

Gucci的成功转型引发了整个奢侈品行业的深思。许多传统奢侈品品牌开始重新审视自己的品牌定位和市场策略。例如,路易威登(Louis Vuitton)与街头艺术家的合作、博柏利(Burberry)的数字化转型,都显示出奢侈品行业正在积极拥抱年轻化和数字化趋势。然而,不是所有品牌都能像Gucci那样取得巨大成功。有些品牌在追求年轻化的过程中失去了自己的核心价值,反而导致品牌形象模糊。

Gucci的成功启示我们,品牌转型并非简单地迎合年轻人的喜好,更重要的是在保持品牌核心价值的同时,以创新方式诠释品牌精神。亚力山卓·米开理巧妙地将Gucci的传统元素与当代流行文化相融合,创造出既有历史底蕴又充满现代气息的设计语言,这种平衡艺术是Gucci成功的关键所在。

展望未来,奢侈品行业将迎来深刻变革。随着千禧一代与Z世代成为核心消费群体,其消费偏好已显著转向:重视品牌的可持续发展实践、关注企业社会责任的履行、追求个性化服务体验,这些诉求正持续重塑行业格局。在此转型浪潮中,Gucci已率先布局——从践行环保承诺与动物福利政策,到数字化营销的创新实践,均展现出前瞻性的战略眼光。

思 考

(1)许多品牌都采取了年轻化策略来迎合年轻消费者,与其他品牌相比,Gucci的差异化优势(或劣势)体现在哪些方面?

(2)在重新进行品牌定位时,如何平衡品牌的历史传承与市场环境变化的需求?

(3)1994年的Gucci与2015年的Gucci都依靠焕然一新的设计风格名利双收,由此联想——奢侈品企业如何处理品牌形象的统一性和时尚的关系?

第 5 章

Pomellato 宝曼兰朵
趣味副线，年轻化战略下的奢侈品创新

Pomellato

品牌名称：Pomellato（宝曼兰朵）
品牌发源地（年份）：意大利米兰（1967）
公司（或集团）名称：开云（Kering）集团

宝曼兰朵是由金匠家族继承人皮诺·拉博利尼（Pino Rabolini）先生于1967年创立的高级珠宝品牌，其总部位于意大利米兰。该品牌以意大利国宝级珠宝手工技艺为品质基石，以创造、专注和革新精神为信念，依托独创的传播模式，在过去近半个世纪的发展历程中不断发展，现已成为欧洲第四大珠宝品牌。

宝曼兰朵是首个将时尚界的"高级成衣"概念引入珠宝领域的高级珠宝品牌，它凭借突破传统的创意理念、独特时尚的设计风格及彰显个性的佩戴方式，带给人们非同凡响的珠宝体验。其副线品牌DoDo则以选材多样、风格鲜明、价格亲民为特色，专门面向年轻消费者，且没有明确的性别界限，进一步拓展了宝曼兰朵未充分覆盖的消费市场。DoDo沿袭了主品牌的创新精神与现代活力，经过数十年的发展，已成长为一个充满趣味与时尚感的珠宝品牌（图5-1）。

图 5-1　DoDo 品牌标识

5.1 副线品牌的诞生与发展

1994年,为了提升销售额并宣传其"致力于保护自然遗产"的理念,宝曼兰朵以已经灭绝的毛里求斯渡渡鸟为灵感,推出了DoDo珠宝系列。该系列以吊坠为主打产品,主要面向年轻群体,旨在通过一克金打造出时尚、亲民,同时蕴含深厚情感价值的珠宝。其经典款式为由白金和玫瑰金制成的各种动物吊坠,每一种动物都寓意独特,讲述着不同的情感故事或传递美好的祝愿。DoDo逐渐发展为宝曼兰朵旗下相对独立的副线品牌,并建立了自己的销售渠道。2013年,DoDo加入了开云集团。如今,DoDo在欧洲已成为意式时尚风格的代表,以其年轻活泼、不拘一格的特点,掀起了一阵阵"DoDo热潮"。

除积极拓展市场外,DoDo还致力于塑造亲和友善的品牌形象。自成立伊始,该品牌便与世界自然基金会(WWF)意大利分会合作开展濒危物种保护项目,通过销售动物主题饰品等方式筹集资金。世界自然基金会意大利分会官网指出:"得益于DoDo多年的持续捐助,WWF得以长期支持自然保护区运营及多项重要的生态环境与濒危物种保护项目。"2012年,时任宝曼兰朵集团CEO的安德烈亚·莫兰特(Andrea Morante)曾表示:"自1995年以来,DoDo已经向世界自然基金会捐赠了超过150万欧元。可持续发展是DoDo品牌的DNA。"DoDo的每款动物主题饰品将爱心及善意传递给年轻一代,一方面为佩戴者祈福带来好运,另一方面也表达了品牌爱护自然、保护野生动物的主张。

对于奢侈品品牌来说,可持续发展与环境保护一直是企业增强影响力并塑造良好形象的重要一环。DoDo坚持高品质生产,谙熟道德价值与地球环境的重要性,在追求经济效益的同时,兼顾稳定可持续的银资源开发与宝石资源勘探。DoDo将其环保情况透明化、公开化,每年对品牌环境进行检测评估,并将情况公布于开云集团官方网站。为了减少珍稀材料开采对环境造成的影响,DoDo已取得责任珠宝业委员会(Responsible Jewellery Council)认证,并基于开云集团的黄金责任框架(Responsible Gold Framework)来确保未来实现100%的可持续性黄金供应。

除此之外,尊重每个人的权利、支持女性自我完善与提升也是DoDo品牌文化的重要组成部分。DoDo 坚守符合职业道德的企业文化,保持人员结构的稳定,并致力于维护员工与企业间的紧密联系。品牌重视并支持女性的创新举措,致力于优化企业环境,提升女性生活质量。DoDo 坚信,平和、稳定、健康的工作环境是发展与成功的基础。这样的企业文化与理念平衡着员工的工作与生活,其建立的良好友善的工作氛围也促进了企业的长足稳定发展。

正如宝曼兰朵现任 CEO 萨比那·贝利(Sabina Belli)在 2015 年接任 CEO 一职时所言:"宝曼兰朵与 DoDo 两个品牌有着截然不同却又极具创造性的身份定位和品牌视野,这使它们在当今的珠宝市场中显得独一无二。"

5.2 主、副线品牌产品对比

5.2.1 产品理念对比

宝曼兰朵通过宝石色彩、动物形象等设计元素和产品宣传语传递品牌寓意。其中,"M'ama non m'ama"(名称取自意大利语"爱我,不爱我?")系列饰品是宝曼兰朵的热销产品,也是成功借助宝石色彩传达产品寓意的典型(图 5-2)。该系列产品戒指由戒圈和宝石组成,其设计灵感来源于平面设计,衍生出九种宝石搭配方案,每一种都有不同的颜色和寓意:绿色碧玺代表希望,红色碧玺代表爱情,蓝色托帕石代表柔和亲切等。不同戒指之间的搭配组合还能形成个性化的首饰。该系列由蒂尔达·斯文顿(Tilda Swinton)倾情代言,其拍摄的宣传视频成为奢侈品营销的典型案例,"Tilda Swinton m'ama non m'ama"也成为珠宝领域的高频搜索关键词。

DoDo 在产品理念的表达上具有更强烈的叙事性和鲜明的个性色彩,每个小坠子、字母或标志都蕴含着与众不同的内涵,使不同语言和文化背景的顾客群体能够在产品理念与设计灵感中找到共鸣。例如,Granelli 是 DoDo 最具代表性的系列,其设计灵感源自沙粒。该系列有项链、手链、戒指、耳环等多种款式,外观不规则,造型轻盈,多采用纯银、9K 玫瑰金等贵金属材质,以及陶瓷等特殊材质(图 5-3)。

图 5-2 宝曼兰朵"M'ama non m'ama"系列饰品

图 5-3 DoDo Granelli 系列玫瑰金陶瓷耳环

5.2.2 材料工艺对比

相较于宝曼兰朵主要采用 18K 金、钻石与彩色宝石,DoDo 在选材上更为自由灵活。该品牌创立之初便提出"1 克金"理念——仅用少量黄金打造面向年轻群体的轻奢珠宝,既满足他们对时尚珍品的追求,又确保佩戴的舒适性。经过二十余年发展,DoDo 的材质运用已突破传统框架:除 9K 金、白金等贵金属外,更创新融合不锈钢、编织棉绳、树脂、再生玻璃等非传统材料,并巧妙搭配托帕石、沙弗莱石等彩色宝石。这种突破性的材质组合不仅大幅提升了产品设计的趣味性,更通过成本优化实现了价格的亲民化,使其在年轻消费市场中快速普及。

5.2.3 产品线对比

宝曼兰朵的产品线主要集中在传统高级珠宝类别,包括戒指、耳环、手镯/手链、项链及吊坠等。相比之下,DoDo 的产品线更为丰富多样。该品牌不仅保留了戒指、耳环、手链、项链这四大传统品类,还拓展了独立品类和功能,如中性风格的挂件配件,可与手链、项链自由搭配。DoDo 致力于为顾客提供一个自由发挥想象力的空间,让他们能够随意混搭各类首饰,在琳琅满目的吊坠和配件中自由挑选,通过不同的金属元素和宝石小配饰来展现个人特色与风格。品牌每年都会推出新的吊坠和配件,供顾客选择并进行个性化再创作,从而诞生独一无二的定制作品。这种独特的产品模式使 DoDo 成为吊饰珠宝领域中"个性化定制"的先驱。

与主打女性市场的宝曼兰朵不同,DoDo 的产品定位更具普适性,涵盖更广泛的性别与年龄层。在其官方网站的"礼品指南"板块中,产品按照目标人群划分为"For Her"(女士)、"For Him"(男士)、"For Children"(儿童)和"For Mom"(妈妈)等多个专栏,分别针对不同性别、年龄段及特殊人生时刻提供相应的首饰推荐。例如,"For Children"专栏精选了适合儿童佩戴的幸运挂饰与个性化珠宝;"For Mom"专栏则特别推出了为新手妈妈及其宝宝量身打造的母子系列饰品。

DoDo 的产品往往蕴含着深意和叙事性,如动物吊坠系列(图 5-4),采用了渡渡鸟、狮子、八爪鱼等动物形象,以 18K 金勾勒出剪影,并为每个动物配上了独特的标语,满足了消费者通过佩戴首饰来展现个人性格的需求。这些标语与对应的动物形象相得益彰,例如狮子代表"勇气满满",八爪鱼寓意"如果抱,请深情相拥",蝴蝶则象征着"我爱自由"。

图 5-4　DoDo 动物吊坠系列饰品

DoDo腕饰与其他品牌的一个显著区别在于,它们并非完成度极高的产品,而是可以作为组件与品牌的众多吊坠进行灵活搭配和重组,顾客可以亲身体验手链的串珠、封口等制作过程。这样的设计使得吊坠具备了双重用途,大大提升了产品的实用性和趣味性。

5.3　主、副线品牌推广模式对比

与宝曼兰朵高贵简约的品牌定位不同,DoDo专注于为年轻人设计能够彰显个性的产品,展现出较强的开放性和无明显性别界限的特点,因此常常成为年轻人初探珠宝领域并寻求表达自我风格时的首选。这两个品牌截然不同的定位也影响了它们在品牌推广时对不同沟通渠道的选择。

为了提升品牌影响力,宝曼兰朵构建了多维度的品牌传播体系:通过全球精品店网络建立实体触点,同步布局线上官方旗舰店,定期举办新品发布会与主题沙龙活动;在社交媒体平台持续输出高品质视觉内容,以强化品牌美学认知,同时通知年度珠宝大片拍摄、艺术摄影集出版及主题巡展等文化项目,打造沉浸式的品牌叙事体验。

DoDo品牌采取了相似的全渠道架构:线下实体店与电商平台双轨并行,定期策划线上发布活动;在社交媒体中,除了常规发布产品内容外,更侧重于发起话题互动、虚拟试戴等数字化体验,通过高频次线上营销,提升年轻客户群的参与度。

两者具体的品牌推广模式详述如下。

5.3.1　宝曼兰朵的品牌推广模式

宝曼兰朵在全球设立的店面大多位于繁华的商业步行街和富人区。宝曼兰朵深知与顾客建立情感联系的重要性,所以将精品店布置得温暖而明亮,使顾客感到亲切并愿意再次光临。以位于美国洛杉矶比弗利山庄(Beverly Hills)的一家精品店为例,店内采用了米兰风格的红色与浅粉色漆面装饰,宝曼兰朵形象大使的宣传照被巧妙地张贴于首饰展柜后,同时,一块带有精美图案的柔软地毯铺设于店内,使店面"像一个珠宝匣一样温暖而热情"(图5-5)。

图5-5 宝曼兰朵店铺

店面还特意设置了一片VIP区域,以满足明星或其他注重隐私的顾客的需求。该区域通过摆放巨大的沙发与其他区域相分隔,确保了VIP区的隐秘性。店内也会开展特别产品系列的独家销售活动,例如2018年10月首次亮相的Nuvola系列,就在洛杉矶、纽约等地的十家线下精品店进行发售。线下店铺不仅让消费主力——女性顾客感到热情和友好,还进一步加深了顾客与产品及品牌的情感联系。

自20世纪60年代起,宝曼兰朵便聘请专业摄影师负责品牌宣传照的拍摄。1971年,宝曼兰朵与黑白摄影大师吉安·保罗·巴比耶里(Gian Paolo Barbieri)建立合作关系,并于1989年共同推出珠宝摄影集 The Maps of Desire(图5-6)。在这部摄影集中,珠宝作品在热带环境中被精心拍摄,文案则由意大利作家安东尼奥·塔布其(Antonio Tabucchi)执笔。这些摄影作品在多个销售渠道,包括线上商城和线下精品店中,均展现出了极佳的装饰与宣传效果。

图5-6 珠宝摄影集 The Maps of Desire

举办线下派对是宝曼兰朵重要的品

牌沟通方式。例如，2018年10月，品牌在比弗利山庄精品店举办的新品发布派对上，首次公开了Montenapoleone系列32款设计风格大胆而独特的戒指，以及Nuvola系列的戒指、吊坠和耳饰等产品。此外，宝曼兰朵还开通了微信公众号进行宣传，并通过Farfetch、寺库网和Net-a-Porter等奢侈品在线销售平台进行销售。

5.3.2 DoDo的品牌推广模式

DoDo的客户沟通策略可以说是专为年轻群体量身打造。DoDo目前入驻了The RealReal、Pere Quera 1887等电商平台，并在欧洲、美国和亚洲拥有约50家线下零售店铺和多达500家授权经销商。这些店铺的装修陈设均力求与品牌精神及风格相契合，以达到有效沟通与宣传的目的。例如，德国杜塞尔多夫国王大道的店面，就使用绿色条状装饰从天花板延伸到地面，模仿青草自然生长的效果，同时以代表沙漠与沙子的色彩装饰墙面，将品牌亲近自然、热爱自然的理念传递给每一位到店客户。

举办线下派对同样是DoDo的品牌沟通方式之一。例如，2017年10月，DoDo在米兰举办了庆祝Tag系列发布派对（图5-7），以"坚持自我，勇敢做自己"为主题。活动现场通过带有标签(tag)的互动吊坠吸引顾客参与，并同步发起♯DoDo Tags社交媒体活动，邀请顾客分享他们对"自我"的独特诠释。

图5-7　DoDo Tag系列饰品

相较于宝曼兰朵，DoDo在社交媒体上投入了更多的精力用于沟通与宣传。品牌不仅在Facebook、Pinterest、Instagram等平台持续发布产品视觉内容，更通过Facebook应用中策划了"情人节送出DoDo惊喜"等活动。其官网的设计风格也十分年轻化，充满活力与现代感，这充分体现了DoDo精确定位目标客户群体并建立有效沟通的策略。

5.4 发展副线品牌带来的机遇与风险

5.4.1 机遇:提升销售额,扩大消费群体

发展副线品牌的直接影响便是提升销售额。DoDo 的产品经过工业化生产,成本较低,但因笼罩在宝曼兰朵的奢侈品品牌光环之下,其售价相对较高。这种策略极大地提高了品牌的销售额和利润。DoDo 与宝曼兰朵不同的品牌定位,使其能够在不同的商业和城市环境中,以不同的价位销售产品,进而极大地促进销售。2012 年,宝曼兰朵集团实现营收 1.46 亿欧元(包含旗下宝曼兰朵和 DoDo 两大品牌收入)。自 2009 年以来,集团业绩保持稳定增长,至 2013 年已跃居欧洲珠宝市场第四位,成为国际珠宝行业的领军企业之一。

从品牌发展角度看,DoDo 的战略价值更为深远:作为入门级产品线,它为新消费者降低了接触品牌的门槛,通过年轻人可负担的价格传递品牌美学,进而培养潜在客户向主线品牌升级的消费路径。这种"品牌漏斗"策略有效拓展了宝曼兰朵的客群基础。

5.4.2 并存风险

发展副线品牌需要考虑成本投入。DoDo 的建立会分流集团的整体投资资源,可能导致宝曼兰朵获得的资金减少,而 DoDo 则需要额外的资金投入。因此,如何在副线品牌规模与投资成本之间找到恰当的平衡点,是发展副线品牌需要考虑的重要问题。

宝曼兰朵与 DoDo 因各自拥有不同的品牌定位和消费群体,而在产品价格、沟通渠道等策略上呈现出差异性。但 DoDo 常作为副线品牌与宝曼兰朵捆绑出现,两者在沟通渠道上也有部分重合,同时 DoDo 价格更为亲民且部分产品材质脱离了奢侈品范畴,这可能给品牌带来模糊核心定位的风险,也可能误导消费者,对宝曼兰朵塑造高端奢侈品品牌形象产生不利影响。

在宝曼兰朵的消费者中,自己购买首饰并用于个人佩戴的女性占比 85%,她们大多是有一定经济能力的女性。当大量青少年消费者因 DoDo 的亲民价格涌

入珠宝市场时,宝曼兰朵原有的精英阶层消费者可能会感受到与主流消费群体之间的距离被拉近。然而,奢侈品品牌往往需要维持与顾客之间的距离感,因此,副线品牌的民主化趋势可能会导致宝曼兰朵流失一部分原有的高端消费者。

5.5 结　语

DoDo作为宝曼兰朵的副线品牌,成功地展示了奢侈品品牌如何通过创新战略来吸引年轻消费者。它不仅扩大了宝曼兰朵的市场份额,也为奢侈品行业的年轻化趋势提供了一个值得借鉴的案例。

DoDo的成功在于其独特的产品理念和营销策略。通过趣味性的设计、个性化的定制选择,以及强调环保和可持续发展的品牌文化,DoDo成功地与年轻消费者建立了情感连接。同时,其灵活的价格策略和多元化的销售渠道,也为品牌赢得了更广泛的市场认可。

然而,发展副线品牌并非没有风险。如何在保持主品牌高端形象的同时,让副线品牌获得足够的发展空间,是DoDo和宝曼兰朵需要持续平衡的问题。此外,在快速变化的消费市场中,如何保持创新活力,持续吸引年轻消费者的注意力,也是DoDo面临的长期挑战。

DoDo的案例告诉我们,在奢侈品行业,传统与创新并不矛盾。成功的关键在于找到品牌核心价值与新兴消费趋势之间的平衡点,并以此为基础构建品牌的未来。随着千禧一代和Z世代逐渐成为奢侈品消费的主力军,我们期待看到更多像DoDo这样的创新尝试,为奢侈品行业注入新的活力。

思　考

(1) DoDo作为副线品牌与宝曼兰朵相比有其独特的创新性,那么它在哪些方面与宝曼兰朵一脉相承?

(2) DoDo的成功经验对其他奢侈品品牌有何启示?这种模式是否适用于所有奢侈品品牌?

(3) 在数字化时代,DoDo和类似的副线品牌应如何进一步创新,以保持对年轻消费者的吸引力?

第 6 章

Damiani 玳美雅
专注国际市场，打品牌组合战

DAMIANI

品牌名称：Damiani（玳美雅）
品牌发源地（年份）：意大利瓦伦扎（1924）
公司（或集团）名称：Damiani S.p.A.[①]

Damiani 集团于 1924 年由恩里科·格拉西·达米亚尼（Enrico Grassi Damiani）在意大利瓦伦扎创立，是目前世界上唯一一家获得 18 项国际钻石大奖的珠宝企业。如今，集团已发展为意大利高端设计师珠宝生产和销售领域的领军者之一，经销一系列颇负盛名的意大利珠宝和腕表品牌。集团曾于 2007 年在米兰证券交易所上市，后于 2019 年 3 月退市，回归家族私有制。作为一个拥有百年历史的意大利珠宝商，Damiani 集团至今仍能在国际珠宝市场占有一席之地，这得益于其品牌组合战略——该战略推动集团成功发展为高度国际化的全球奢侈品公司。

---

① Damiani S.p.A. 是 Damiani 集团的母公司名称，这里的 S.p.A. 是意大利语 "Società per Azioni" 的缩写，意为 "股份有限公司"。

6.1 Damiani 实施品牌组合策略的原因分析

6.1.1 市场发展迅速,品牌化成为趋势

自 1996 年 Damiani 家族第三代人接管公司以来,公司利润增长显著。在 2008 年 4 月至 12 月的 9 个月期间,该公司报告的综合净利润为 2050 万欧元,同比增长 5.2%,销售额增长 1.4%,达到 1.49 亿欧元。2021—2022 财年,该公司公布的综合收入为 2.38 亿欧元,较上年大幅增长 69%,超过了疫情前的水平。尽管全球地缘政治局势和金融市场环境存在不确定性,但 Damiani 仍实现了令人瞩目的增长。这种增长在所有地区和销售渠道中都得到了体现,尤其是在零售领域,收入增长高达 82%。该公司的盈利能力也有所提高,由于收入增加和零售销售份额的不断扩大,EBITDA[①]增长了 41%。

由于珠宝与时尚领域的融合,品牌珠宝市场蓬勃发展,持续保持着 10% 以上的增长率,而无品牌珠宝市场的增长率仅 2%～3%,显示出品牌价值已经超越了珠宝产品的价值。因此,Damiani 精心构建了成熟的品牌体系。

6.1.2 细分需求差异化

亚洲新兴市场及中东地区珠宝消费规模的持续增长,为意大利珠宝商提供了巨大的机遇。Damiani 的总裁兼首席执行官吉多·格拉西·达米阿尼(Guido Grassi Damiani)在接受采访时表示:"新兴国家的新富阶层渴望展示他们所取得的成就……人们首先可能买车,然后买手表,接着他们会为伴侣选购珠宝,因为这是一种展示成功的方式。"在成熟珠宝市场,珠宝的设计元素开始从高端化向日常化转变。例如,Damiani 品牌中以丝带与绳结为意象的 Legame 系列(图 6-1),将坚硬的 18K 白金材质转化为柔和曲线,优雅地贴合于手腕或指间。这些原创设计的手环或戒指,搭配一排排精致镶嵌的白钻或黑钻,成为高级定制礼服上最华

---

① EBITDA 指"息税折旧及摊销前利润"(earnings before interest, taxes, depreciation, and amortization)。它是一个公司在扣除息息、税项、折旧和摊销之前的利润指标,通常用于评估公司的核心盈利能力。

丽的配饰,以静默之姿绽放无限光彩。新兴市场的增长势头喜人,而成熟市场也非常重要。因此,Damiani 正在巩固其在意大利的基地,意大利仍是其主要市场,销售额约占 3/4。

图 6-1　Legame 系列 18K 白金黑钻戒指

6.1.3　中国市场潜力巨大

中国的奢侈品销售额增长极为迅速,从 2007 年到 2013 年,销售额实现了 200% 的增长。自 2003 以来,Damiani 一直试图融入中国市场,并于 2013 年在中国市场投入了近 500 万欧元。近年来,Damiani 在亚太市场(尤其是大中华区)动作频频:2022 年,将台湾市场的业务转为自营;2023 年将香港精品店迁址至圆方购物中心(Elements Mall),并在澳门四季酒店开设新店;2024 年继续扩大在中国的业务,于上海和三亚新增两家门店。

Damiani 指出,中国是品牌的重要市场,开设新店是集团在华战略投资的重要一环,这再次表明了品牌在中国持续扩张的决心。

6.2　品牌介绍

秉持以客户为中心的战略,Damiani 集团能够有效地追踪不同客户的需求和偏好,并积极预测市场趋势。同时,该集团采取全渠道销售策略,确保各个渠道的服务与体验保持高度一致。

Damiani 集团的多品牌矩阵全面覆盖从大众市场到奢华市场的各个层级:大众市场由时尚珠宝品牌 Bliss 主攻;中高端市场布局镶钻工艺珠宝品牌 Salvini、

钟表及高级珠宝品牌 Rocca 和核心品牌 Damiani；奢华市场则由定制品牌 Calderoni 主导。

6.2.1　Bliss（图 6-2）

① 主要材质：钢
② 设计风格：个性创意风格
③ 市场细分：大众市场
④ 目标群体：追求时尚、注重日常佩戴的年轻消费者
⑤ 市场定位：时尚珠宝
⑥ 平均价位：100 欧元以下

图 6-2　Bliss 品牌标识

优雅和创新是 Bliss 珠宝的特色，它针对广泛的年轻受众——这些受众寻求能够表达个人情感且拥有个性外观的时尚配饰。Bliss 珠宝的精髓在于以现代语言诠释传统珠宝风格，紧跟设计与潮流趋势。Bliss 通过"Celebrate the preciousness of everyday"（庆祝日常生活的珍贵）的品牌理念，鼓励消费者在日常生活中佩戴珠宝，而非仅限特殊场合。

天使与魔鬼系列是 Bliss 珠宝的著名系列之一，一经推出便受到了大众的喜爱（图 6-3）。这个系列以钢为基本材质设计打造，秉承了 Bliss 品牌的传统，不仅包含多种型号、不同造型的吊坠，还有配套手链，是一个非常完整的珠宝系列。

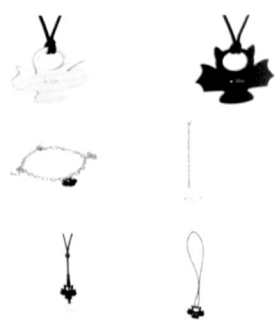

图 6-3　天使与魔鬼系列珠宝

6.2.2 Salvini(图 6-4)

① 主要材质:白金、K 金、钻石、彩色宝石
② 设计风格:经典、现代风格
③ 市场细分:高端市场
④ 目标群体:有消费能力的时尚女性
⑤ 市场定位:高端珠宝
⑥ 平均价位:1000 欧元以上

图 6-4　Salvini 品牌标识

1986 年,Damiani 集团开始积极开拓细分市场,创立品牌 Salvini,旨在彰显当代女性独特、优雅的个性。Salvini 珠宝将经典元素、自然风格和现代气息融为一体,以高端原创的设计、优雅精致的风格和考究的制作工艺而闻名,将独有的意大利风情融入产品设计之中。Salvini 珠宝以钻石镶嵌工艺为核心特色,其先进的立体镶嵌技术尤为突出。这项创新工艺实现了三维曲面上的宝石均匀镶嵌,通过多重圆形切割技法,达成色彩与形态的完美平衡,充分展现钻石的火彩与光芒。

Salvini 品牌的 I Segni 系列珠宝从十字架、心形和蝴蝶等经典符号中汲取灵感。该系列通过时尚创意与精湛工艺的融合,对这些标志性元素进行了当代诠释。I Segni 系列以鲜明的个性化设计著称,成为佩戴者展现自我风格的独特载体。

图 6-5　I Segni 系列珠宝

6.2.3　Rocca(图 6-6)

① 主要材质:白金、K 金、钻石、彩色宝石
② 设计风格:经典、优雅奢华风格
③ 市场细分:高端市场
④ 目标群体:成熟、高收入、注重品质和品牌价值的消费者
⑤ 市场定位:高端珠宝、腕表
⑥ 平均价位:1000 欧元以上

图 6-6　Rocca 品牌标识

Rocca 品牌创立于 1794 年,从钟表工匠作坊起步,逐渐发展为意大利较早的瑞士手表进口商之一,并拓展至高端珠宝领域。目前,Rocca 在意大利、瑞士、韩国等国家的高端商业区设有 40 家精品店。作为 Damiani 集团成员(2008 年加入),Rocca 凭借国际声誉,成为 30 多个著名珠宝腕表品牌(如 Damiani、Salvini、Rolex、Patek Philippe、Omega、Breguet 等)的授权零售商。

6.2.4　Damiani(图 6-7)

① 主要材质:白金、K 金、钻石、彩色宝石
② 设计风格:经典、现代风格
③ 市场细分:高端市场
④ 目标群体:有消费能力的女性、男性
⑤ 市场定位:高端珠宝
⑥ 平均价位:1000 欧元以上

DAMIANI

图 6-7　Damiani 品牌标识

1924年，Damiani品牌创始人恩里科·格拉西·达米亚尼（Enrico Grassi Damiani）在意大利的瓦伦扎创立珠宝工坊。凭借卓越的设计天赋和华丽的艺术风格，他迅速在珠宝界崭露头角，成为当时许多极具影响力的家族所指定的专属珠宝设计师。品牌第二代传人达米亚诺·达米亚尼（Damiano Damiani）在坚守传统工艺核心的同时，创新性地将现代美学融入珠宝设计。他研发的半月型钻石镶嵌技术，通过精确计算钻石切面角度，使光线折射效率显著提升。这项突破性技术成为品牌的核心竞争力，成功推动工坊向国际化珠宝品牌转型。自1976年起，Damiani累计18次荣获国际钻石大奖（业内誉为"珠宝界奥斯卡"），由此确立其全球顶级珠宝商的地位。

Damiani品牌的D.Side系列珠宝，涵盖了戒指、手镯、项链及袖扣等多种款式，其风格独特且令人难忘。尤为重要的是，这一系列象征着情侣们坚贞不渝的爱情誓言。在独特的半月型钻石镶嵌工艺的修饰下，D.Side系列珠宝展现出优雅而珍贵的气质。其中，戒指有金色、白色和玫瑰金三种底色供消费者选择，且每面可镶嵌5颗、8颗或10颗璀璨的钻石（图6-8）。

图6-8 D.Side系列戒指

6.2.5 Calderoni（图6-9）

① 主要材质：白金、K金、珍珠、钻石
② 设计风格：奢华宫廷风格
③ 市场细分：奢华市场
④ 目标群体：成熟、高净值、注重品质和独特设计的消费者
⑤ 市场定位：奢侈珠宝
⑥ 平均价位：5000欧元以上

图6-9 Calderoni品牌标识

Calderoni 于 1840 年由阿多内·卡尔德罗尼(Adone Calderoni)创立于米兰。品牌创立后迅速赢得了欧洲皇室与贵族的青睐,始终秉持意大利制造的精湛工艺传统,严格甄选顶级纯净宝石与珍稀材质,将独特设计理念与传世手工技艺完美融合,打造殿堂级珠宝作品。其标志性的高贵优雅特质,为品牌赢得了四项国际钻石大奖殊荣。2006 年,Calderoni 正式加入 Damiani 集团。

Calderoni 品牌中的 Lara 系列(图 6-10),材质是白金、珍珠和钻石。该系列产品有戒指、手链、耳坠和项链。

图 6-10　Lara 系列珠宝

6.3　协调与配合策略

实现品牌组合的协同效应,是集团战略管理中的核心课题。缺乏内在关联的品牌难以抵御市场的波动,就像未经黏合的砖块堆砌起来,无法经受风雨的考验。因此,Damiani 集团在全力维护各品牌独特性的同时,系统构建跨品牌协同机制。

6.3.1　资源协调与配置

Damiani 集团的主推品牌是 Damiani,它也是集团最具知名度、国际化最成功的品牌。子品牌如 Salvini,自 1986 年创立以来便以精湛的镶钻工艺著称,而 Calderoni、Rocca 等品牌则是通过并购加入 Damiani 集团大家庭。

在资源协调配置方面,Damiani 集团与上海豫园旅游商城(集团)股份有限公司(以下简称"豫园股份")的合作是一项重要战略举措。2020 年,双方签署了合作协议,共同组建合资公司。依据协议条款,豫园股份持有合资公司55%的股份,并取得了Damiani及Salvini品牌在大中华区的独家经销权。借助豫园股份的全球资源网络,该合资公司计划在5年内于中国内地开设超过10家Damiani旗舰店及近百家Salvini品牌门店。这一资源优化配置策略不仅完善了豫园股份的珠宝产业链,丰富了其品牌矩阵,同时也显著提升了Damiani品牌在中国市场的知名度和影响力,使其能够更好地拓展中国市场。

6.3.2 品牌地域性分布

Damiani的核心市场仍集中于欧美地区,贡献约75%的全球份额;同时,品牌已拓展至中东和俄罗斯等新兴市场。在亚洲市场,Damiani首先进入日本,并与伊藤忠商事株式会社共同成立了Damiani日本分公司,以深入开拓日本市场,随后逐步向韩国和中国推进,不断拓宽在亚洲市场的销售渠道。在其子品牌中,Rocca是最具国际化特色的品牌,在全球范围内拥有40家精品店,这些店铺以米兰为中心,遍布欧洲许多主要城市,并在亚洲的东京、首尔及上海设有分店。而其他子品牌则主要面向本土和欧洲市场。值得注意的是,顶级定制品牌Calderoni目前仅在意大利米兰开设了一家门店。

6.3.3 差异化品牌宣传策略

Damiani品牌官网有线上销售业务,但仅针对欧美国家。其开通的社交网络平台包括Facebook、Twitter和Instagram。集团其他子品牌均未开展线上销售。其中,Bliss和Rocca仅开通了Facebook官方账号,未在其他社交媒体平台上开设账号。

Damiani通过为好莱坞明星如布拉德·皮特(Brad Pitt)、詹妮弗·安妮斯顿(Jennifer Aniston)和查理兹·塞隆(Charlize Theron)定制婚戒,提升了其在美国市场的曝光度和知名度。例如,Damiani的经典婚戒系列D.Side就是品牌创意总监与布拉德·皮特共同设计的。此外,Damiani还与日本足球运动员中田英寿合作推出了Metropolitan Dream限量系列。

在庆祝品牌成立90周年之际,Damiani在佛罗伦萨皮蒂宫的现代艺术画廊举办了专题展览,展出了自1976年以来获得国际钻石大奖的一系列作品。2017

年5月,Damiani在上海新店开业典礼上宣布,中国演员宋茜成为其中国区首位品牌大使。

6.4 品牌组合利弊

品牌组合策略的核心目标在于实现协同增值,使整体价值超越各品牌价值的总和。然而,多元化的产品线、渠道体系和识别系统带来的复杂性,不仅可能让顾客感到困惑,甚至会影响股东和员工等利益相关者的决策效率。一个未能有效管理旗下各品牌间相互关系的集团公司,在规划品牌成长路径时推出的新业务品牌,在缺乏协同效应的情况下,将难以生存与发展。因此,20世纪90年代末期,在Damiani集团总裁吉多·格拉西·达米阿尼的领导下,公司从家族企业转型为管理型企业。Damiani自豪地宣称其拥有一个高度互补的品牌组合,业务覆盖珠宝及高端腕表产业链。

6.4.1 扩张迅速

得益于品牌组合策略的有效实施,Damiani集团的扩张与国际化进程极为迅猛。如今,集团已不再局限于与名人合作的营销策略,于2017年在迪拜推出了最新的合资企业。Damiani集团副总裁兼设计主管乔治·达米亚尼(Giorgio Damiani)表示,公司当前非常注重中东市场的发展。他同时强调,亚洲市场,尤其是中国市场,作为当前奢侈品市场的最大板块,同样被视为重中之重。为此,Damiani已在上海开设品牌旗舰店,并拓展至新加坡、韩国等新兴市场。在俄罗斯,Damiani品牌为大众所熟知,并且深受欢迎。集团目前拥有17个国际分支机构及合资公司,运营着49家精品店,并雇用了800名员工。

6.4.2 扩张效果不尽如人意

在2012年的最后9个月中,Damiani集团遭受了约470万欧元的净亏损,同期销售额下降了9%,这一亏损主要由资金和资源的短缺引发。集团的扩张效果不尽如人意,表现在以下三个方面。

1. 品牌组合带来的资金压力过大,成本高昂,盈利微薄

在全球珠宝业处于深度整合阶段的历史时期,大型奢侈品集团如路威酩轩(LVMH)、开云(Kering)、历峰(Richemont)、斯沃琪(Swatch)等凭借充足的资金和品牌协同效应,在市场中地位稳固。

然而,Damiani 集团的情况就没有那么乐观。2016 年上半年,集团营业收入为 6974 万欧元,同比增长 2.8%,但营业利润仅为 88.8 万欧元,营业利润率为 1.3%,同时面临 78.7 万欧元的净亏损。2015 财年数据显示,Damiani 全年总收入为 1.55 亿欧元,尽管表面上营业利润有 1428 万欧元,但剔除门店资产处置收益(约 2725 万欧元)后,实际经营亏损达 1297 万欧元。从数据可以看出,Damiani 的盈利情况相当惨淡。

2. 子品牌知名度不高

对于 Gucci 和 LV 等知名品牌而言,品牌组合的多样化可能是优势,但对于 Damiani 集团来说则不然。该品牌面临的问题是,外国消费者往往只购买他们认识的品牌。由于过度扩张和宣传策略不足,Damiani 集团旗下的多个子品牌知名度不高,且主品牌与子品牌之间在知名度和销量上存在显著差异。

3. 错失良机,在中国等新兴市场开拓力度不够

在欧洲,Damiani 一直有着不错的销售额和美誉度,持续在欧美传统的珠宝消费城市开设精品店。凭借这些成熟市场的需求,Damiani 集团曾误以为可以高枕无忧,以至于错失了进入中国市场的良机,直至 2013 年才开始大力开拓中国市场。在欧洲经济危机背景下,Damiani 集团关闭了在欧洲盈利能力不足的门店,并在中国投入了近 500 万欧元。然而,由于前期在中国市场涉足未深,品牌知名度欠佳,因此在中国开店和公关活动的成本都在不断攀升。例如,在上海这样的大城市,获取一个理想位置所需的投资在 2013 年就已高达 3000 万欧元。但是为了在中国获得成功,Damiani 集团必须耐心等待,因为在中国的扩张是一项中长期投资。

6.5 结　语

与宝格丽(Bulgari)、宝曼兰朵(Pomellato)和布契拉提(Buccellati)并称为意大利奢侈品珠宝四大品牌的Damiani,是这四家中唯一仍掌握在创始人家族手中的品牌。作为意大利珠宝工艺的典范,Damiani凭借其精准的品牌组合策略,成功地在竞争激烈的高端珠宝市场中占据了重要地位。通过不断探索与创新,Damiani不仅巩固了其在传统珠宝领域的优势,还拓展了新的市场领域,同时也面临着品牌扩张的种种挑战。展望未来,Damiani将继续秉承其卓越的工艺精神和独特的品牌理念,以多元化的品牌组合策略,书写新的辉煌篇章,为全球消费者带来更多璀璨夺目的珠宝佳作。在此,我们期待Damiani品牌在珠宝界的璀璨星空中,光芒愈发耀眼。

思　考

(1) Damiani集团通过旗下五个品牌来覆盖不同的价格区域和市场,这样的举措可能会带来哪些违背初衷的问题?同时,这些品牌间是否存在重合市场,从而产生竞争?

(2) Damiani采取品牌组合策略,显然是为了与奢侈品巨头们旗下多品牌协调的模式相竞争。请分析在这种竞争中,Damiani的优劣势分别是什么。

(3) 目前有多家公司有意收购这家顶级珠宝品牌,但Damiani表示:"我们对大集团的收购不感兴趣。"要有底气地拒绝大集团的巨额资金收购,Damiani就必须提升销售业绩。为了达到这一目的,Damiani需要克服哪些困难,又该如何应对更多的国际市场挑战?

(4) Damiani坚持融入中国市场,这是其扭转盈利颓势的关键一步。在激烈的市场竞争中,作为后来者,Damiani将如何开辟这一市场?

第 7 章

Van Cleef & Arpels 梵克雅宝
做珠宝艺术文化的引领者

Van Cleef & Arpels

品牌名称:Van Cleef & Arpels(梵克雅宝)
品牌发源地(年份):法国巴黎(1906)
公司(或集团)名称:历峰(Richemont)集团

自1906年创立以来,梵克雅宝凭借其独特的工艺、设计及独具匠心的风格,在全球范围内赢得了声誉。依靠源源不断的创造力,该品牌打造出了一系列经典隽永的珠宝杰作。近年来,新兴珠宝市场的增速已经超越了传统的欧洲珠宝市场,这一迅猛发展态势使得各大国际奢侈品珠宝商纷纷争夺这块"蛋糕"。梵克雅宝发现了市场培育和提高品牌认知的良机,决定以独特的方式提高品牌知名度,扩大影响力。

7.1 敞开珠宝艺术世界的大门:创办学校

拥有精湛工艺与不竭灵感的梵克雅宝,似乎应该保持其神秘性,使公众不断地为之赞叹并心生向往。然而,梵克雅宝于2012年2月创立了L'École珠宝艺术学院,旨在向公众揭开其珠宝世界的神秘面纱,分享其最为宝贵的核心——工艺技术,以揭示珠宝艺术的精髓。毫无疑问,这所学校的成立是一项开创之举,它为那些渴望探索珠宝艺术之美、深入了解珠宝世界的人们提供了亲身体验与学习的机会,让他们能够在实践中启蒙,并领悟珠宝行业的独特魅力。

7.1.1 面向对象及创办目的

相较于其他珠宝学校,L'École 珠宝艺术学院的受众定位更加广泛。它不仅面向珠宝行业的从业者,更面向全球范围内所有热爱珠宝、崇尚美学、怀有求知热情的人士,以及有志于成为资深鉴赏家的个体。学校的创办宗旨在于分享梵克雅宝品牌的艺术探索成果,培养学员的审美意识与艺术品鉴能力,鼓励他们从理性认知与情感体验两个维度挖掘珠宝作品的灵魂。此外,学校还提供亲手制作珠宝的机会,让学员通过实操加深对珠宝艺术的理解与感悟。

7.1.2 课程内容

L'École 珠宝艺术学院的课程设置主要分为三大主题:精湛工艺、珠宝艺术史和宝石世界。授课教师团队由宝石学家、艺术家、设计师、工匠、珠宝商等拥有丰富珠宝行业从业经验的专业人士组成。学校采取英语或法语小班教学形式,每次课程人数控制在 12 人以内(图 7-1)。每门课程的收费在 15~350 欧元之间。

图 7-1 L'École 珠宝艺术学院的授课教室

在工艺课程中,学员主要通过亲手体验珠宝制作流程,从设计到铸模,逐步探究每一道工序,在实践中了解品牌如何将世代相传的技艺与现代工艺完美结合,并持续推动创新。珠宝艺术史课程则带领学员深入探究珠宝神秘的起源和传奇故事,学习珠宝所承载的不同象征意义,从而提升其艺术鉴赏能力。此外,学员还有机会佩戴品牌的高级珠宝,亲身感受其独特魅力。宝石学课程则引导学员探索宝石形成、开采与切割过程,同时传授基本的宝石知识,帮助他们理解宝石珍贵的原因。

7.1.3 选 址

大众所熟知的珠宝学院,往往依托其宝石实验室或相关机构的专业性和科学性,对校址的选择通常没有特别要求。然而,L'École珠宝艺术学院却独具慧眼,选址于法国巴黎著名的旺多姆广场(图7-2),这里地处巴黎老歌剧院与卢浮宫之间,汇聚了众多知名的珠宝奢侈品品牌,同时也是多个顶级品牌设计工作室的所在地。学校坐落在广场中一座18世纪建筑内,这栋建筑具有明显的法式艺术风格。学校内部主要包括:一间操作体验室,用于触摸和试做;两间培训授课室,用于听课和观摩;一间小型图书馆,用于交流和深入学习。

图7-2 旺多姆广场

7.2 分享与传承:设立海外学院

尽管L'École珠宝艺术学院位于法国巴黎,却吸引了来自世界各地的学员。学院并未因此满足,秉持"分享与传承"的宗旨,将教学版图延伸至海外,传播专业的珠宝知识与精湛的制作工艺。自创办以来,学院陆续在纽约、香港及东京等地开设课程。

2019年8月,梵克雅宝选择在中国香港开设巴黎之外的首个永久海外中心。这一决策背后的原因主要有以下几点:首先,作为国际金融中心和购物天堂,香港展现出极强的奢侈品消费能力和巨大的市场潜力。对于梵克雅宝这样的奢侈品品牌而言,香港市场是其增长战略的重要组成部分。其次,香港地处亚洲中心,便于辐射整个亚太地区,尤其是中国内地市场。随着中国内地经济的快速增长,越来越多的奢侈品消费者选择在香港购买高端珠宝。最后,香港国际化程度高,拥有成熟的商业环境和健全的法律体系,能够为国际品牌提供良好的经营环境。

2023年,梵克雅宝宣布L'École珠宝艺术学院的全球第三座永久中心在上海盛大开幕。这个新的分中心位于上海历峰双子别墅,与淮海路的文化氛围相得益彰,成为该地区的文化地标。上海分中心的开幕体现了梵克雅宝对珠宝艺术文化传承的承诺。梵克雅宝也将藉由L'École倾力传承珠宝文化,广邀所有珠宝爱好者一同探索令人神往的珠宝世界,以满足珠宝收藏家和爱好者对珠宝艺术探索日益增长的需求。此举不仅让世界各地更多的人了解品牌及宝石的历史,同时也提升了品牌的知名度,扩大了其影响力。

7.3 做珠宝艺术与工艺的捍卫者:践行企业社会责任

为了履行传承珠宝文化的使命,梵克雅宝在全球各地举办了一系列典藏臻品回顾展,其中包括在中国举办的三场展览:2012年的"Van Cleef & Arpels梵克雅宝,美之传承",2018年的"Van Cleef & Arpels梵克雅宝:雅艺之美",以及2022年的"Van Cleef & Arpels梵克雅宝:时间、自然、爱"(图7-3)。这些展览展示了梵克雅宝博物馆典藏系列高级珠宝。该系列源于雅克·雅宝(Jacques Arpels)在20世纪70年代初期回购知名古董作品的举措,此后随着时间的推移不断丰富。展览期间,知名珠宝品牌亦携手L'École展开了别开生面的交流,举办了线下讲座,邀请公众一同探索珠宝艺术文化的魅力。

在大多数品牌仍在科技工艺、文化及环境保护等领域寻求发展之际,梵克雅宝却专注于珠宝文化教育。品牌认为,作为一个珠宝传承世家,有责任和义务成

第 7 章　Van Cleef & Arpels 梵克雅宝
做珠宝艺术文化的引领者

图 7-3　Two Feathers 胸针（2022 年展览作品）

为艺术和工艺的坚定捍卫者，并以传播、分享、传授珠宝工艺为己任。公众普遍认为，珠宝艺术与世界上大多数人没有直接联系，仅是少数高净值人士的专属。然而，回顾珠宝历史的发展，我们发现珠宝与建筑、雕塑、绘画一样，都是具象的艺术品，即便不购买，仅仅欣赏其内在美也是一种享受。与参观博物馆、艺术馆等欣赏方式不同，L'École 珠宝艺术学院让大众能够更近距离地亲身体验、感知与学习珠宝艺术知识。

7.4　结　语

梵克雅宝作为一个拥有悠久历史的珠宝奢侈品品牌，在艺术文化及工艺创新方面形成了独具特色的风格。创办珠宝艺术学院，不仅可以向大众普及珠宝艺术文化知识，更重要的是，展现了品牌尊重、保护与传承艺术文化的决心。源自巴黎，走向世界，梵克雅宝始终坚守传承珠宝艺术文化的使命，搭建起一座连接珠宝艺术与人类文化的桥梁。其艺术学院，以及与之相关的珠宝收藏家、珠宝爱好者及消费者群体，共同构成了梵克雅宝最珍贵的品牌资产。

思　考

（1）尽管梵克雅宝的珠宝艺术学院早在 2012 年便已开设并广受赞誉，但其他珠宝品牌至今仍对涉足珠宝教育保持观望态度。你是否认同梵克雅宝创办学校的这一举措？

（2）为了让更多人了解珠宝艺术背后的世界，梵克雅宝设立了这样一所学校。该校的开支不仅包括设备、样品等固定成本，还涵盖了师资和管理费用，再加上设立海外学院所需的各项支出，这些费用合计起来绝非小数目。请思考：梵克雅宝 L'École 珠宝艺术学院是否仅仅是品牌销售驱动的结果？

（3）目前学校的课程以入门级和少量专业课程为主，是否可考虑增设针对珠宝品牌经营者的专项课程？在课程体系拓展方面，还有哪些领域值得开发？

第 8 章

Buccellati 布契拉提
携手虚拟网红,进军年轻市场

品牌名称:Buccellati(布契拉提)
品牌发源地(年份):意大利米兰(1919)
公司(或集团)名称:历峰(Richemont)集团

布契拉提发源于富有艺术气息的米兰,"典雅精致"毋庸置疑地成为品牌代名词。然而,随着时代变迁和客户群体的改变,品牌在消费者心中的形象也逐渐发生了变化,固步自封势必会威胁品牌生命。面对这一挑战,布契拉提将如何与新一代年轻消费者进行沟通呢?

8.1　Buccellati:来自米兰的艺术珠宝

1919年,马里奥·布契拉提(Mario Buccellati)在米兰圣玛格丽塔街开设了第一家珠宝精品店,1951年又于纽约开设新店。1971年,马里奥的儿子吉安马里亚·布契拉提(Gianmaria Buccellati)以自己的名字建立了新的品牌。1979年,吉安马里亚在巴黎旺多姆广场开设旗舰店。2011年,品牌名称由Gianmaria Buccellati更改为Buccellati。

布契拉提始终追求美感与灵感的呈现,品牌于 2015 年推出的 Art 系列就是对此最好的诠释。五件作品的灵感均来源于印象派和后印象派大师作品,包括温斯洛·霍默的《普莱特的淡蓝色海》(Light Blue Sea at Prout's Neck)(图 8-1)、米哈伊尔·拉里奥诺夫的《蜘蛛网》(The Spider's Web)(图 8-2)、克劳德·莫奈的《贝勒海岸的风暴》(Storm on the Coast of Belle-Ile)(图 8-3)、皮埃尔·博纳尔的《两瓶花》(Two Vases of Flowers)(图 8-4),以及奥迪隆·雷东的《法厄同的坠落》(The Fall of Phaëton)(图 8-5)。

图 8-1 《普莱特的淡蓝色海》手镯

图 8-2 《蜘蛛网》戒指

图 8-3 《贝勒海岸的风暴》耳坠

图 8-4 《两瓶花》项链

图 8-5 《法厄同的坠落》耳环

布契拉提的设计风格典雅精致、含蓄内敛,没有将品牌名称直接加入或设计到作品之中,而是利用精致的图案来体现其独特的设计及精湛的工艺。其作品很大程度地受到了织造产业蕾丝面料的启发,创新传统雕金技巧,演变出多种不同的织纹并应用到金银饰品与珠宝中,为金属增添了一丝柔美。黄金蕾丝和层叠宝石的设计一时间引起业内外强烈反响,成为同行争相模仿的对象。

布契拉提 Macri 系列珠宝散发着优雅迷人的魅力。该系列所采用的刻纹拉丝工艺(Rigato),堪称金工艺术的典范之作。作品表面呈波浪状,镶嵌在微小星形花朵中的明亮式切割钻石点缀其间,小而耀眼的金珠子与不透明的纹理和闪亮的钻石相得益彰(图 8-6)。

图 8-6　Buccellati Macri 系列手镯

Opera 系列珠宝则以令人惊艳的细微创新展现了布契拉提的经典元素,这一特色得益于其对青金石、珍珠、玛瑙、粉欧泊及碧玉等宝石的巧妙运用(图 8-7)。

图 8-7　Buccellati Opera 系列戒指

Hawaii 系列源自创始人马里奥·布契拉提的创意灵感。20 世纪 30 年代,该系列一经推出,便凭借迷人的现代风格迅速成名。时至今日,该系列仍是布契拉提的经典之作——工匠们手工捻转金丝,再以精妙的工艺使其交织成环(有白金、黄金、玫瑰金材质),最终打造出精美绝伦的手链、长短项链、吊坠及耳饰(图 8-8)。

图 8-8　Buccellati Hawaii 系列耳环

Étoilée 系列于 20 世纪 90 年代问世。四条金质项链相互缠绕，呈长菱形，内侧点缀满镶碎钻的盛开百合花饰（图 8-9）。

图 8-9　Buccellati Étoilée 系列项链

Ramage 系列的设计灵感源自文艺复兴时期，早在 20 世纪 20 年代便风靡于世（图 8-10）。时至今日，金匠依然手工雕琢厚度仅 1 毫米的金片，在这些精致的作品侧壁上，细腻的枝叶与闪耀的钻石花朵栩栩如生。

图 8-10　Buccellati Ramage 系列戒指

第 8 章 Buccellati 布契拉提
携手虚拟网红,进军年轻市场

Ghirlanda 系列是布契拉提的历史性设计之作,其灵感源自对世间珍稀宝石的珍藏与润饰(图 8-11)。该系列采用独特的"traforo"技术实现钩编设计,使得切割精妙的钻石优雅地垂坠其间。其工匠技艺之精湛,在于能够打造出无与伦比的轻盈珠宝,且这些珠宝毫无焊缝痕迹,展现出极高的工艺水平。

图 8-11 Buccellati Ghirlanda 系列戒指

Tulle 系列采用了"珠罗纱"工艺,这是高级珠宝制作工艺中极为复杂的一种工艺(图 8-12)。金匠需要耗费近一个月的时间,在半毫米厚的金片上手工凿出精细的圆孔,从而在内部形成微小的六边形结构。这些镂刻出的蜂巢状图案,完美展现了设计的精致与细腻。

图 8-12 Buccellati Tulle 系列耳坠

在奢侈品领域,布契拉提凭借其百年工艺与品牌底蕴享有极高的市场声誉,但其近年来的资本运作确实经历波折。2017 年 8 月,中国刚泰集团有限公司通过旗下上市公司刚泰控股以 1.955 亿欧元收购布契拉提 85% 的股权,并承诺未来三年注资 2 亿欧元用于全球扩张。然而,2018 年刚泰集团因流动性危机终止重组计划,布契拉提的盈利未达预期(2018年上半年财报显示亏损),最终由历峰集团于2019年9月27日完成100%股权收购。

随着时代的发展,品牌在消费者心目中的形象逐渐发生了转变,那些曾经拥有辉煌历史的精致珠宝,如今却被人们冠以"古老"之名。在当今的时代背景下,这无疑给品牌经营带来了极大的挑战。如何在守护品牌宝贵基因的同时,为其注入新的活力,让品牌重新焕发光彩,这是布契拉提亟待解决的难题。

8.2 传统营销方式:请明星超模代言

与众多奢侈品品牌相似,布契拉提也通过与明星和超模合作的方式提升品牌知名度。作为高端品牌,在选择合作对象时需对其进行严格的背景调查,以确保对方形象与品牌价值高度契合。同时,品牌还需主动防范负面舆情,维护品牌形象。

2016年,布契拉提与意大利超模、女演员艾丽莎·塞德纳乌伊(Elisa Sednaoui)展开合作,在威尼斯拍摄了一系列宣传照片,展示了Opera系列、Blossoms系列及Marci系列。

2017年,布契拉提正式进入中国市场,在上海恒隆广场开设了第一家精品店。2018年,布契拉提发布的全新广告大片中,除了美国超模卡洛琳·莫菲(Carolyn Murphy)之外,还出现了一张令人瞩目的东方面孔——国际知名影星章子怡。此次广告大片展示了布契拉提的Macri系列手镯、鸡尾酒系列耳坠与戒指,以及Opera系列珠宝首饰等。摄影师细腻的拍摄手法、布契拉提精巧绝伦的珠宝,以及两位契合品牌精神的优雅女性,共同诠释了品牌所传递的永恒之美。

8.3 客户群体发生改变:千禧一代和Z世代登上舞台

千禧一代是出生于1981—1996年的人群,他们又被称为Y世代。随之而来的是出生于1997—2012年的Z世代,而比其年长的是出生于1965—1980年的X

世代及出生于1946—1964年的婴儿潮人群。

相较于婴儿潮及X世代的消费者，千禧一代成长于信息时代。以往，消费者主要通过杂志和品牌官网获取奢侈品信息，而千禧一代则更多地通过社交媒体接收这类资讯，这一趋势显著增强。世界四大会计事务所之一的德勤（Deloitte）指出，传统的营销手段已难以改变千禧一代的观念，他们更加重视社交媒体上分享的在线评论、产品评级等信息。

Z世代的年轻人与千禧一代又截然不同，他们精通网络，是互联网的原住民。对他们来说，网购与逛实体店并没有太大区别。与千禧一代追求独特、与众不同的心态不同，Z世代的自我意识更为强烈，他们更倾向于寻找那些与自我精神相契合的产品和品牌。

在高级珠宝市场，千禧一代是当下至关重要的消费群体，而Z世代则是品牌未来的消费者。对于布契拉提来说，一方面需要通过创新吸引千禧一代的注意力，在保持品牌原有基因的基础上，扩大布契拉提在该群体中的影响力，完成品牌在新时代的"转型"；另一方面需要与Z世代沟通，向他们展现品牌理念及品牌想要呈现的世界。

2024年，全球奢侈品销售额约1.5万亿欧元，与2023年基本持平，增速在－1%至1%之间。这是自2008年金融危机以来，首次出现非疫情因素导致的增长放缓现象，主要受宏观经济不确定性、品牌频繁涨价及消费者信心下降的影响。2025年，市场有望迎来温和复苏，德意志银行预测下半年销售额增幅可能达5%~9%。在此过程中，Z世代作为未来全球主要的奢侈品消费群体，其消费潜力巨大，对品牌发展至关重要。因此，即便在当下，品牌也应重视与Z世代的沟通互动，不应忽视这一群体。

8.4 创新营销方式：与虚拟网红合作

意见领袖（Key Opinion Leader，简称KOL）在中国通常被称作网红，他们更加贴近线上市场，拥有显著的数字影响力，主要包括时尚博主和新媒体从业者。KOL的营销手段丰富多样，从传统形式的软文合作，到较为新颖的产品植入，再到KOL直播及与合作品牌共同推出的限量联名系列等，这些不断创新的形式持续为消费者带来新鲜感。

由于各大奢侈品品牌均削减了在杂志上的广告支出,2017年50家最大广告商的杂志广告收入减少了4亿美元。虽然纸媒在奢侈品行业中仍占有一席之地,但是在信息时代,数字媒体的影响力正不断增强。目前,线上市场的主要媒介就是社交媒体,如微博、Instagram等应用软件。社交媒体的传播方式大致分为品牌硬广、传统杂志线上业务、KOL营销和口碑宣传,其中KOL营销的宣传效果尤为突出。在欧美市场,品牌通过Instagram上的KOL进行营销的参与度比品牌官方Instagram账号高出17%。据艾瑞与微博联合发布的《2018中国网红经济发展洞察报告》,截至2018年5月,国内时尚KOL粉丝总人数已达到5.88亿人,同比增长25%,其中有53.9%的粉丝年龄集中在25岁以下。而微博上61%的用户也集中在这一年龄段,成为时尚博主粉丝的主力人群。目前,超过90%的奢侈品品牌都采用过KOL营销策略,可见企业已经看到了KOL的影响力及这种营销模式的优势。

在信息时代,随着网络技术的发展,虚拟网红应运而生。它们是由计算机生成的虚拟人物,行为模式与真实网红基本相似。日本虚拟歌手初音未来,就是虚拟网红的前身,她是目前最为成功的虚拟偶像。现今欧美虚拟网红大多从Instagram上开始走红,形象相比初音未来更加贴近真实人类。这些虚拟网红同传统KOL一样,拥有庞大的粉丝群体,有着一定的商业价值和影响力。截至2018年,虚拟网红莉莉·米奎拉(Lil Miquela)在Instagram上已经累积了150万粉丝(图8-13),并与多个奢侈品品牌建立了时尚合作关系。她不仅像真人一样拥有时尚合作、音乐唱片及社交朋友,还在Prada 2018秋冬大秀期间,接管了该品牌的官方Instagram账号。

对于奢侈品品牌来说,虚拟网红与传统网红及明星超模相比具有天然优势。首先,虚拟网红是虚拟人物,品牌无须担心其个人行为导致的负面新闻;其次,虚拟网红是一个高度可控的合作对象,其表现更多依赖于设计师及合作品牌的创意与指导,而非虚拟网红自身的主观意愿;更重要的是,虚拟网红具有鲜明的时代特征,与其开展创新合作必然能够吸引大众关注。因此,我们可以看到众多奢侈品品牌都在尝试和虚拟网红合作。

在众多知名虚拟网红之中,努努(Noonoouri)以时尚可爱的形象脱颖而出,具有极高的人气与影响力(图8-14)。截至2025年3月,她已在Instagram上拥

第 8 章　Buccellati 布契拉提
携手虚拟网红，进军年轻市场

图 8-13　虚拟网红 Lil Miquela

有 50.2 万粉丝，并赢得了来自 Chanel、Dior、Balmain、Versace、Maison Margiela、Marc Jacobs 等世界顶级品牌的合作与代言邀请。作为一位设定居住在巴黎的 18 岁时尚女青年，努努不仅对艺术和社会议题有浓厚兴趣，还同其他 KOL 一样，渴望通过自己的行动为世界带来正面影响。

图 8-14　虚拟网红努努

努努优雅高贵的特质与布契拉提的品牌基因高度契合。同时，她那芭比娃娃般的面容所展现出的甜美风格，与其虚拟身份相得益彰，为布契拉提的珠宝带来了全新的诠释，也使品牌形象更贴近当代年轻消费者的审美偏好。因此，努努如同一座桥梁，成功拉近了布契拉提与年轻消费群体之间的距离，增强了品牌与他们的情感联结。

2018年7月2日,在巴黎高级定制时装周期间,布契拉提于 Mori Venice 餐厅举办私人晚宴,展示了品牌极具代表性的珠罗纱(Tulle)工艺作品。借此契机,为深入展现品牌的工艺精髓,并回应新时代的潮流趋势,布契拉提发布了一段与知名虚拟网红努努合作的宣传短片(图8-15)。

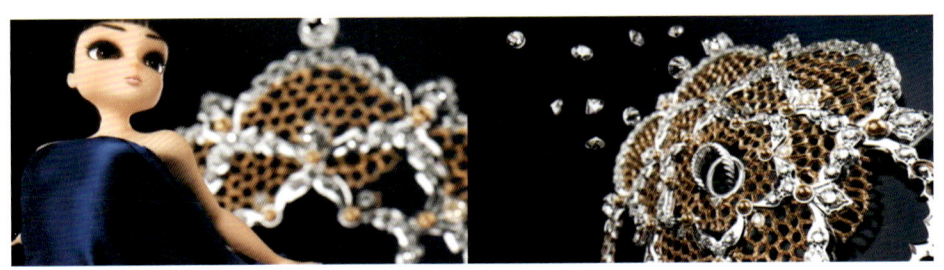

图 8-15　努努拍摄的布契拉提宣传短片

该视频以一片流动的奢华蓝色缎布开场,努努优雅现身。在她身后,通过珠罗纱工艺制作的蜂窝纹理逐渐填满珠宝轮廓,钻石依次嵌入凹槽,布契拉提的经典作品在这一过程中缓缓呈现。努努身着典雅造型,佩戴的 Camelia 耳环璀璨夺目,项链也在她颈间逐渐显露,再次彰显了布契拉提独特的珠罗纱工艺魅力。短片节奏紧凑,重点突出,最终以努努的飞吻结束,留给观众无限遐想。

短片一开场,便通过高贵的蓝色基调唤起观众对品牌奢华基因的共鸣,为整个短片奠定了基调。紧接着,短片始终围绕"珠罗纱工艺"这一主题展开,不仅让观众记住了这一标志性工艺,更传达出品牌的艺术追求。尤为重要的是,努努的加入展现了品牌的优雅风范,并吸引了更多年轻观众的关注,为布契拉提注入了新鲜活力。

除了出现在合作短片中,努努还通过 Instagram 带领观众线上参观布契拉提工作室(图8-16),了解不同系列珠宝的制作工艺。布契拉提坚持使用传统的手工艺,在制作时,工匠能够细腻地感知并掌控整个创作流程。这一流程极为耗时耗力,单件作品的完成往往需要一个月乃至一年。此外,布契拉提对多项特殊工艺均设定了严苛标准,例如刻纹拉丝工艺要求刻画出的线条笔直且平行;而珠罗纱工艺则要求每一个六边形镂空结构都微妙精美,一旦有误,就需要舍弃整个部分重做,加之六边形数量众多,使得抛光清洁工序十分烦琐。

布契拉提十分重视此次与努努的合作,不仅在 Instagram、YouTube 等社交媒体平台上广泛发布合作信息,还在其品牌官方网站首页显著位置展示了此次

图 8-16　努努参观布契拉提工作室

合作的视频。同时，努努也在自己的 Instagram 账户上分享了该视频。评论区反响热烈，网友们纷纷赞誉珠宝的精湛工艺、影片的奢华氛围及博主的出众美貌。此外，努努在 Instagram 上发布的关于佩戴布契拉提经典手镯及探访布契拉提工作室的其他推广内容，同样吸引了大量关注，收获了极佳的反馈。虽然这类合作未必带来即时的销售转化，但它在受众心中种下了兴趣的种子，为未来的品牌影响力和消费行为奠定了基础。

8.5　结　语

作为一个拥有悠久历史的奢侈品品牌，布契拉提坚守自身传统固然重要，但如何在传统中寻求创新突破，无疑是一个值得深思的议题。随着时代的变迁，Z 世代与千禧一代逐渐成为消费主力军，若想让品牌持续焕发活力，关键在于赢得年轻一代的青睐。

布契拉提与虚拟网红努努的合作堪称一次具有里程碑意义的突破，它不仅有助于品牌进一步拓宽消费市场，也让更多人得以深入了解品牌的理念与精湛工艺。然而，未来的道路依旧漫长，布契拉提需持续捕捉年轻人的兴趣点，确保品牌能够不断焕发新生。

思 考

（1）布契拉提与虚拟博主合作的优势体现在哪些方面？

（2）年轻一代的世界观较以往有着显著的不同，你认为他们将如何看待品牌这一举动？

（3）营销活动与品牌形象息息相关，KOL营销可能给品牌发展带来哪些潜在的负面影响？

第 9 章

Repossi 雷波西
百年珠宝品牌的现代蜕变与艺术革新

6 PLACE VENDÔME

REPOSSI

PARIS

品牌名称:Repossi(雷波西)
品牌发源地(年份):意大利都灵(1920)
公司(或集团)名称:路威酩轩(LVMH)集团

Repossi 拥有辉煌的历史,深受意大利贵族与皇室成员的喜爱,是传统珠宝艺术的杰出代表。自 2007 年盖娅·雷波西(Gaia Repossi)担任创意总监以来,品牌的设计风格逐渐从古典传统向现代转型,极简主义、抽象概念、几何形态、雕塑艺术、建筑设计及现代艺术元素都成为 Repossi 设计的灵感来源,在高级珠宝界中颇为罕见,与品牌以往的设计风格形成了鲜明对比。

9.1 Repossi:重塑传统的艺术珠宝

1920 年,吉·皮特罗·雷波西(G. Pietro Repossi)在意大利都灵创立了 Repossi 珠宝工坊。1930 年,Repossi 家族迁居至摩纳哥的蒙特卡洛,并在那里开设了第一家珠宝店。品牌的设计深受装饰艺术运动的启发,凭借其创新独特的设计吸引了首批顾客。

1957年，第二代传人康斯坦丁·雷波西（Constantino Repossi）对装饰艺术充满热情，对工业设计有着独特的见解。他最初是汽车品牌 FIAT 的设计师，后来利用自己的技术专长，将他对创作和手工艺的热爱注入其中，在都灵开设了第一家精品店。

康斯坦丁的儿子阿尔贝托·雷波西（Alberto Repossi）在很小的时候就开始设计自己的作品。在家族工坊接受银匠培训后，他于 20 世纪 70 年代初开始与父亲一起工作，并很快将品牌打造为全球珠宝标杆。他凭借精湛的宝石镶嵌技艺和独特的体积感设计，创造了一系列具有强烈个性的标志性作品。阿尔贝托的作品以其充满活力的色调和宏伟的气派为特色，受到皇室成员的青睐。

品牌于 1986 年入驻巴黎旺多姆广场，同年阿尔贝托的女儿盖娅·雷波西（Gaia Repossi）出生。阿尔贝托通过向国际客户展示其精湛的设计作品，确立了品牌在当代珠宝界的地位，并持续推动创新理念，不断拓展珠宝艺术的边界。

自 2007 年以来，Repossi 一直由盖娅·雷波西担任创意总监。她受绘画和社会人类学研究的影响，打造了一种时尚、雕塑般的视觉形象，与 Repossi 过去的风格形成了鲜明对比（图 9-1）。盖娅丰富了 Repossi 的历史，为品牌注入了新的创意活力。年仅 21 岁的她设计出了 Repossi 标志性的 Serti sur Vide 系列（图 9-2）。从那时起，在盖娅的引领下，Repossi 珠宝不断挑战并重塑传统，将经典珠宝与现代艺术和建筑理念巧妙结合，创造了既大胆又独特的艺术品。如今，Repossi 珠宝凭借前卫的设计风格享誉全球，每一颗宝石均经过严格甄选，并与独具匠心的设计理念巧妙结合，展现品牌卓越的审美与工艺水准。位于巴黎旺多姆广场的 Repossi 精品店是品牌的荣耀象征，是品牌面向世界的窗口，见证了 Repossi 珠宝在国际舞台上绽放的璀璨光芒。

图 9-1　Repossi 古董珠宝

第 9 章　Repossi 雷波西
百年珠宝品牌的现代蜕变与艺术革新

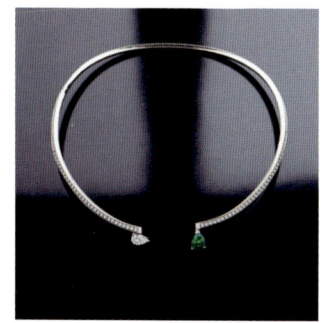

图 9-2　Serti sur Vide 系列珠宝

与其他珠宝品牌不同，Repossi 有自己的镶嵌技艺。梨形切割是品牌的标志性设计，每颗梨形切割钻石都经过精心挑选，造型纤细，比例完美，与品牌极简主义的作品相得益彰。Repossi 珠宝会有钻石悬浮的错觉，这归功于品牌独特的镶嵌技艺——"埃菲尔铁塔镶嵌"（图 9-3）。与传统的镶嵌方式不同，这种镶嵌方式可以让光线进入宝石的所有刻面，增强其亮度。

图 9-3　Repossi 的埃菲尔铁塔镶嵌

9.2　盖娅所作的革新

9.2.1　Repossi 品牌 VI 设计

构建品牌的视觉识别（visual identity，简称 VI）系统，是传播企业经营理念、提升企业知名度、塑造企业形象的重要途径，其主要意义在于增强品牌文化的渗透力。VI 系统的评估并非仅看外观是否美观，而是涉及多个专业领域，构成一个复杂的综合体系。

2014年,盖娅·雷波西邀请国际著名建筑师、大都会建筑事务所(Office for Metropolitan Architecture,OMA)的创始人雷姆·库哈斯(Rem Koolhaas)对巴黎旺多姆广场的旗舰店进行改造设计。她希望通过与库哈斯的合作,探索"当今社会奢侈品的真正含义",并重新定义奢侈购物体验。

在一年的时间里,库哈斯及其合伙人带领团队在充分考虑盖娅个人品位与Repossi品牌整体风格的基础上,对这个店铺进行了精心改造。团队制定了多达20余本的企划书,探讨了从空间布局透视法到动力学等多个议题,仅楼梯的设计方案就提出了45个,足见这次改造对于Repossi而言是一项极其重要的战略性举措。

2016年7月,Repossi巴黎旗舰店重新开张。店铺设计与品牌理念相契合,展现出典型的极简风格,配色淡雅,低调中透露出强烈的现代设计感。店内使用了混凝土、水磨石、丙烯酸、铝及模拟玻璃质感的树脂等具有工业感的建筑材料,这些材料与品牌产品之间产生了有趣的互动。标志性的极简艺术装饰与品牌美学相得益彰,大理石地板与墙面、抛光黄铜与镜面的立体结合,虽未大量堆砌奢华元素,却彰显出非凡的奢华感(图9-4)。

图9-4 Repossi巴黎旗舰店

Repossi的旗舰店经过改造后,不仅焕然一新,还进一步完善了品牌的店面空间识别系统。此后,Repossi开始在全球范围内积极扩展其门店网络。

历史悠久的摩纳哥Repossi精品店,是品牌面向国际高端客户和王室成员的重要展示平台,为Repossi打开了通往王室宫殿与贵族社交圈的大门。该店于2020年完成了全面翻新,由著名建筑师弗拉文·贾德(Flavin Judd)设计,这也是他首个商业空间作品(图 9-5)。盖娅和贾德都强调了他们对连续线条及重复系统的简约美学抱有共同的兴趣。

图 9-5 Repossi 摩纳哥精品店

9.2.2 Repossi 品牌产品革新

盖娅·雷波西对现代艺术、建筑和雕塑的喜爱使产品设计充满线条感、时尚感及现代感。Repossi 于 2010 年推出的 Berbere 系列(图 9-6),以其兼具朋克风情与极简主义特色的多重环状耳夹和戒指而闻名,这些饰品是让盖娅声名鹊起的关键之作。该系列以一条主干连接多个棱环,形如竖直的人体脊柱。它遵循几何线条的极简风格,将多重环巧妙分离,形成叠戴的时尚风格,成为品牌标志性款式。

图 9-6 Berbere 系列耳夹(左)和戒指(右)

2020年，Repossi推出的Serti Inversé系列（图9-7），名称意为"倒置"，其设计灵感来自水滴形钻石滑落的抽象轨迹。该系列以2014年发布的Serti sur Vide为基础，通过隐藏的镶座结构，营造出主石"悬浮"于空中的视觉效果——水滴形钻石搭配小巧的三爪镶嵌结构，而镶座被巧妙地隐藏于钻石下方，与珠宝边缘无缝衔接。为了突出钻石滑落的动态效果，设计师特别以玫瑰金、白金勾勒出半开放结构的轨道，末端环绕于水滴形钻石周围，形成流畅的弧形轨迹。轨道内缘还镶嵌着钻石厘石，与主石的火彩自然呼应。

图9-7　Serti Inversé系列

9.3　品牌整体形象特色

在奢侈品珠宝市场中，Repossi的风格独树一帜，展现了独特的当代美学。盖娅表示，她的设计灵感源自包豪斯等现代建筑风格，这一理念在其经典系列中体现得淋漓尽致。这些作品具有鲜明的线条和略带力量感的轮廓，与其说是配饰，不如说是兼具人体工程学的艺术雕塑。此外，盖娅的作品往往兼具体量感和动感，但又不过分突兀，能够与佩戴者的身体和谐相融。

9.4　结　语

Repossi在各个方面给消费者留下的视觉印象既富有特色又高度统一，充分展现了当代法国先锋潮流的风格。时至今日，Repossi依然沿用着家族品牌的经营模式，而盖娅的设计风格已然成为品牌的标志性特征。她备受时尚媒体的青昧,这无疑为品牌的媒体形象增色不少,也为这一拥有百年历史的品牌注入了新的活力,堪称奢侈珠宝界的革命者。

思　考

（1）Repossi 有近百年的历史,那么前 90 年的积淀对它近 10 年的成功起着多大的作用？

（2）Repossi 从传统珠宝品牌转型为具有现代风格的品牌,离不开其在时尚圈的积极拓展。它是如何完成这一转变的？

（3）Repossi 品牌的大部分产品都出自意大利历史悠久的工坊,而一些独一无二的单品和产品原型则在巴黎制造。这一生产布局与其当前的品牌形象形成了有趣的对比:在品牌形象上,Repossi 已完全摆脱了近百年历史品牌的传统印记,更像是一个新晋的高端时尚品牌,这与很多强调自身悠久历史的品牌截然不同。这两种完全不同的发展轨迹究竟有哪些异同,孰优孰劣？

第 10 章

Montblanc 万宝龙
与时间同行

品牌名称：Montblanc(万宝龙)
品牌发源地(年份)：德国汉堡(1906)
公司(或集团)名称：历峰(Richemont)集团

谈及男士珠宝，万宝龙无疑是一个不可忽视的名字。这个品牌起初以钢笔闻名于世，历经一个多世纪，其产品线逐步扩展到文具、皮具、男性饰品乃至女性珠宝首饰。如今，万宝龙已发展成为一个多元化的奢侈品品牌，致力于提供成功人士出门所需的一切配饰。

10.1 钢笔王国的崛起

1906年，万宝龙以一支钢笔在德国汉堡起家。优良的品质、完美的设计及非凡的内涵很快撑起了整个万宝龙钢笔王国，曾经的小小文具商一跃成为与奔驰汽车和德国马克齐名的"3M"之一[①]。

在万宝龙的精心打造与维护之下，其钢笔已超越了书写工具的范畴，成为身

---

① 德国曾有所谓的"3M"——万宝龙(Montblanc)、梅赛德斯—奔驰(Mercedes-Benz)和德国马克(Deutsche Mark)。随着梅赛德斯-奔驰与克莱斯勒合并，以及德国马克被欧元取代，这三大"M"已不再完整。

份与品位的象征,甚至承载着某种精神信仰。无数重要文件在万宝龙钢笔的见证下签署,品牌将这份荣耀递到了各界精英手中,不论是国家元首、商业巨擘还是明星大腕,在最为瞩目的时刻,总能见到那颗六角白星闪耀,犹如阳光下勃朗峰冰川般熠熠生辉。与此同时,万宝龙始终关注着文化发展与人文价值,这种独特的情怀也让大众感受到了奢侈品品牌的温度。

10.2 帝国危机

最初,欧洲人使用鹅毛笔进行书写。1809年,最早的"储水笔"被发明出来,标志着钢笔的雏形初步形成。然而,尽管经历了数次改良,其使用效果仍然不尽如人意。直到19世纪50年代,才制造出了较为满意的钢笔,并经过不断改进,最终在80年代实现了批量生产。进入新世纪后,万宝龙顺应时代潮流,将钢笔的制造与设计推向新高度,极大提升了这一书写工具的工艺价值与品牌影响力。普通人使用普通的钢笔,而站在社会巅峰的人士则手握万宝龙出品的高品质钢笔,此时钢笔市场已经趋于成熟。

随着时间的推移,时代在悄然变化。曾经让万宝龙引以为豪的钢笔产品,逐渐失去了市场的主导地位。20世纪70年代以后,随着科技的飞速发展,电脑等电子产品的迅速普及改变了人们的书写习惯。无需笔即可书写,无需信封即可接收远方的信息,生活节奏日益加快,人们购买钢笔的频率也随之降低,钢笔市场逐渐走向衰落。

随之,坚持生产墨水笔和墨水的企业变得寥寥无几。万宝龙同样面临着严峻的经营挑战,为了生存,不得不进行大规模裁员,并将部分股份出售给英国的登喜路(Dunhill)公司。一度惨淡的经营状况,让这个曾经傲视群雄的业界领袖不得不重新审视时代的变化。

10.3 品牌扩张之路

1983年,由于书写工具的革新,万宝龙公司大幅裁员,经营惨淡。1987年,诺伯特·柏拉特(Nobert A. Plat)出任总裁,重新审视钢笔在现代生活中的意义,并提出了品牌扩张的战略方针,旨在满足一个男人出门所需的一切配饰需求。

1996 年,随着"大班"(Meisterstück,德语意为"杰作")系列全面升级完成,除了钢笔外,万宝龙还增添了袖扣、钥匙扣和钱夹等产品,成功涉足男士珠宝领域。在此基础上,公司后续又不断推出了腕表、领带夹、燕尾夹、手链、墨镜等多种饰品,进一步丰富了产品线。

很快,万宝龙又敏锐地捕捉到了女性对书写工具的需求,于是重新设计了更适合女性使用的钢笔,并开始向女性珠宝市场进军。2005 年,公司首次推出了专为女性设计的纯银珠宝首饰;2007 年,"星光"系列钻饰珠宝华丽登场;2015 年,更是推出了 Emblem 女士高级珠宝系列(图 10-1)。

图 10-1　万宝龙 Emblem 女士高级珠宝系列

一个又一个全新的系列相继问世,这不仅是传承的体现,更是创新的展现。在一百多年的历史长河中,万宝龙历经风雨,起起伏伏,最终在传承与创新中走出了一条独特的扩张之路。

10.4　不同的产品,相同的追求

万宝龙始终秉持"与时间同行"的理念,坚持顺应时代潮流,同时坚守设计的经典韵味。尽管其产品线广泛,涵盖多种形制,甚至很多产品已远远超出其原本专长——钢笔的范畴,但万宝龙依然以最高品质来要求自身产品,力求将其打造得尽善尽美。这个洋溢着男性魅力的品牌,拒绝追逐新潮款式,因为品牌所有者希望其产品能够历久弥新,而非转瞬即逝。其珠宝设计起初主要面向男性,女士珠宝则因早期设计过于厚重、硬朗而遭受了不少批评。然而,这正是转型过程中不可避免的挑战,很快,新的系列便在简约大方的基础上融入了更多温婉与柔美的元素,充分展现了万宝龙对转型的坚定决心与不懈努力。

除了在钢笔制造领域独占鳌头,万宝龙在皮具、腕表、珠宝等领域也同样大放异彩。其皮革制作中心坐落于意大利皮革产业的核心地带——佛罗伦萨。每一块送到这里的动物皮毛,都承载着独特的故事。在这里,生命的多样色彩与工艺大师的精湛技艺完美融合,共同孕育出一件件集工艺、设计与风格于一身、充满活力的皮具作品。

万宝龙的制表传统可追溯至160年前的美耐华表厂(Minerva)。早在19世纪80年代,万宝龙就已成功制造出无需独立发条即可自动上链的怀表,这一创新成果在世界展览会上赢得了多项殊荣。20世纪初,万宝龙凭借其精准计时技术,成为专业腕表和计时码表的顶尖制造商。到了2011年,当许多表商仍无法独立制造游丝时,万宝龙已经领先一步,成功推出了双圆柱游丝陀飞轮腕表。

图10-2 万宝龙传承系列腕表

2014年,万宝龙以20世纪40至50年代的美耐华经典表款为设计灵感,推出传承系列腕表(图10-2)。为了满足市场对奢华怀表的需求,万宝龙还在瑞士创立了制表学院,持续为高端制表业培养并输送人才。

在珠宝饰品领域,万宝龙同样展现出独特的风采。其设计简约大方且时尚,凸显现代女性的柔美与个性,而高端奢侈珠宝系列则洋溢着华贵而神圣的气息。尤为引人注目的是在品牌创立一百周年之际推出的Montblanc星型美钻,亦称万宝龙钻石(图10-3)。经过长达8年的潜心研发,万宝龙独创了六角星形钻石切割技术,成为全球首个拥有此项钻石切割专利的品牌。

图10-3 Montblanc星型美钻

10.5　主与次

尽管万宝龙的产业多元化且各具特色,但它始终铭记自己的本源——一个卓越的钢笔制造商。

随着品牌的发展变化,万宝龙意识到,仅仅依靠一支钢笔已无法满足现代人的多样化需求。那么,除了钢笔,消费者还需要什么呢?钱夹、袖扣、腕表,等等。万宝龙正是基于这样的思考,不断拓宽产品线以满足消费者的全方位需求。当然,在这个过程中,钢笔的核心地位从未动摇。

钢笔始终是万宝龙品牌的核心与灵魂。它不仅是个人书写的工具,更是"放慢脚步,尽享生活"理念的起点,是万宝龙品牌的标志性象征。万宝龙的所有产品都蕴含着含蓄内敛而又大气磅礴的气质,而当一支精致的钢笔从胸前优雅地掏出时,所有人的目光都会自然而然地聚焦于笔尖。以钢笔为中心,周围环绕着同样光彩照人的腕表、皮夹等配饰,再向外,则是袖扣、首饰等精致珠宝,这些细节无不彰显着主人的非凡品位。而最边缘的,则是那藏大雅于无形的香水,为整体增添了一抹不可言喻的韵味。

这也是万宝龙最为独特之处,它在有序扩张的同时,始终坚守着自己的核心领域,不忘其赖以成名的根本。

10.6　结　语

自创立以来,万宝龙便展现出卓越的时机把控与决策能力,在其发展历程中始终扮演着时代引领者的角色。即便面临危机,万宝龙也能迅速洞察并确定最为适宜的策略——转型,随即灵活调整,明确转型路径。它不断审视自身与时代的关系,顺应时代潮流并勇立潮头。为此,万宝龙从内部开始深刻变革,同时在变革进程中积极探索新市场,发掘新的机遇,真正践行了"与时代同行"的理念。

思　考

（1）尽管万宝龙始终坚持以钢笔制造为核心，但其他方面的突出成就仍旧令不少人误认为腕表、皮具等才是其主营产品。那么，品牌扩张到底应该"繁花似锦"，还是"万绿丛中一点红"呢？

（2）有些人认为恪守本分是登顶的阶梯，有些人认为多方位发展才是王道。万宝龙即便不进行扩张也能问鼎奢侈品行业，为什么要选择另辟蹊径呢？

（3）万宝龙一直以"与时间同行"为发展理念，但又拒绝制造潮流产品，这二者是否矛盾呢？

第 11 章

Harry Winston 海瑞温斯顿
与 Swatch 互惠互利的收购

HARRY WINSTON

品牌名称：Harry Winston(海瑞温斯顿)
品牌发源地(年份)：英国伦敦(1932)
公司(或集团)名称：斯沃琪(Swatch)集团

2013年1月14日,海瑞温斯顿控股公司(HW Holdings Inc.)宣布已签署协议,将其奢侈品品牌的钻石珠宝和腕表业务部门出售给斯沃琪(Swatch)集团,交易总额达10亿美元。收购完成后,海瑞温斯顿控股公司逐步剥离珠宝业务,专注于钻石开采,并更名为多米宁钻石公司(Dominion Diamond Corporation);而斯沃琪集团则通过纳入 Harry Winston 品牌,进一步强化了其高端产品阵容,成功进军高端珠宝市场。

11.1 被收购方——Harry Winston 的品牌发展历程

2013年1月14日,斯沃琪集团与海瑞温斯顿控股公司达成了一项全资收购协议。根据该协议,后者出售了其100%股权,斯沃琪集团正式收购了 Harry Winston 珠宝和腕表的品牌及所有相关业务。Harry Winston 品牌是海瑞温斯顿控股公司的前身,于2004年被采矿公司 Aber 并购,又于2013年被斯沃琪集团收购。

1920年，海瑞·温斯顿（Harry Winston）在第五大道的535号开设了第一家公司——The Premier Diamond珠宝公司。作为一名资源有限的年轻人，他深知在竞争激烈的钻石市场中脱颖而出的难度，因此开始通过另一种渠道购买更易入手的宝石，那就是参与珠宝遗产拍卖。

20世纪20年代中期，海瑞·温斯顿成功收购了许多极为珍贵的珠宝藏品，其中包括上流社会名媛丽贝卡·达林顿·斯托达德（Rebecca Darlington Stoddard）和阿拉贝拉·亨廷顿（Arabella Huntington）的私人珍藏。1930年，温斯顿先生又收购了矿业大亨拉奇·鲍德温（Lucky Baldwin）的典藏。鲍德温是一位从马场起家的传奇富豪，他的收藏中包括上千克拉的宝石，其中有一枚罕见的25克拉红宝石。1932年，海瑞·温斯顿在纽约创立了同名品牌。他通过接连购买两颗巨型钻石原石，极大地提升了个人及品牌的知名度，成为声名远播的专精于全球珍稀钻石与非凡宝石的珠宝商。1944年，他赞助了当年奥斯卡最佳女演员珍妮弗·琼斯（Jennifer Jones）出席颁奖典礼时佩戴的珠宝配饰，这一举措成功地为品牌赢得了"明星的珠宝商"的美誉。此后，品牌与好莱坞的合作日益频繁。1947年，《时尚》杂志授予海瑞·温斯顿先生"钻石之王"的称号，这个美称从此成为他的代名词。

品牌造势十分成功，销售规模也不断扩大。1955年，Harry Winston走出美国，开始国际化进程，于瑞士日内瓦开设首家海外专卖店。1957年，法国巴黎的专卖店也随之开业。1988年，品牌进军亚洲市场，在日本东京设立了专卖店。1989年，Harry Winston推出了首个腕表系列，标志着品牌正式涉足腕表业务。

进入21世纪，Harry Winston已成为全球知名的高端珠宝品牌，尤其在美国及日本市场具有强势地位。2004年，采矿公司Aber通过并购Harry Winston品牌，将公司名称变更为Harry Winston Inc.。该公司不仅从事珠宝、腕表的零售业务，还拥有加拿大西北部Diavik矿40％的股权，从而成为集珠宝开采与零售（珠宝价值链中利润率最高的两个环节）于一体的综合性钻石公司。2011年，作为国际珠宝品牌第一梯队的成员，Harry Winston再次被评选为最受美国上流社会青睐的珠宝奢侈品品牌，充分展示了其品牌实力。

11.2 收购方简介

2013年1月14日，斯沃琪集团与海瑞温斯顿控股公司达成了全资收购协议。收购方斯沃琪集团是目前全球最大的钟表制造商(图11-1),其总部设在瑞士比尔市。

图 11-1 斯沃琪集团标识

该集团始创于1983年,创始人之一尼古拉斯·G·海耶克(Nicolas G. Hayek)通过重组两家濒临破产的瑞士制表企业——ASUAG和SSIH,成立了瑞士微电子技术及钟表联合公司(Swiss Corporation for Microelectronics and Watchmaking Industries Ltd.,SMH)。其中,SSIH公司成立于1930年,拥有欧米茄(Omega)和天梭(Tissot)两大品牌。ASUAG则成立于1931年,通过收购半成品机芯生产企业及大量成品腕表制造商来实现逐步扩张,并将这些成品腕表制造商并入其子公司通用制表有限公司(General Watch Co. Ltd.,GWC)旗下。1988年,SMH公司已在全球制表行业中占据领先地位。1998年,该公司更名为斯沃琪(Swatch)集团。

该集团旗下汇集了众多知名品牌,其产品覆盖了尊贵奢华品牌、高端品牌、中端品牌及基础品牌。自成立之后,斯沃琪集团在不到20年的时间里就已经形成了制表业综合品牌体系,其生产的腕表和珠宝能够满足不同年龄段及多样风格需求的消费者(表11-1)。

表 11-1 斯沃琪集团的腕表及珠宝品牌一览

尊贵奢华品牌	宝玑(Breguet)、海瑞温斯顿(Harry Winston)、宝珀(Blancpain)、格拉苏蒂(Glashütte Original)、雅克德罗(Jaquet Droz)、雷恩(Léon Hatot)、欧米茄(Omega)
高端品牌	浪琴(Longines)、雷达(Rado)、宇联(Union Glashütte)
中端品牌	天梭(Tissot)、卡尔文·克莱恩(Calvin Klein)、巴尔曼(Balmain)、雪铁纳(Certina)、美度(Mido)、汉米尔顿(Hamilton)
基础品牌	斯沃琪(Swatch)、飞菲(Flik Flak)

斯沃琪集团不仅生产成品腕表,还为全球的第三方制表商供应机芯及零件。集团旗下拥有世界上最大的空白机芯制造及供应厂商——瑞士ETA制表公司。

该公司生产的机芯不仅供应给集团内部的手表品牌使用,经过改良后亦被应用于万国(IWC)、豪利时(Oris)、泰格豪雅(TAG Heuer)及帝舵(Tudor)等中高端品牌的手表中。此外,集团亦专门投入与制表工艺及其他行业相关的纳米机械与纳米电子学技术的研发,为计算机、通信、医疗应用设备及电子行业开发高科技零部件。

斯沃琪集团的收购涵盖了 Harry Winston 在全球范围内的 25 家珠宝精品店、190 个手表分销点、535 名员工,以及位于瑞士日内瓦的制作公司。此外,根据收购协议的条款,海瑞温斯顿控股公司已同意更改公司名称,以新名称多米宁钻石公司进行交易。未来,多米宁钻石公司还将为斯沃琪集团采购抛光钻石,双方还有意向联合建立钻石抛光企业,以进一步拓展合作领域。

11.3 收购背景

11.3.1 与蒂芙尼(Tiffany)合作告吹,斯沃琪集团寻找新目标

2011 年,斯沃琪集团与蒂芙尼之间的合作关系宣告终止,这促使该集团开始寻找新的合作伙伴。

值得一提的是,斯沃琪集团子公司开设的蒂芙尼手表专卖店内可以兼营经挑选的蒂芙尼珠宝,利润由其集团子公司所得。在高端珠宝市场方面,斯沃琪集团存在一定的短板。相比之下,同为钟表行业领军者的历峰集团,凭借其持有的卡地亚、伯爵、梵克雅宝和万宝龙这四个高端珠宝品牌,展现出了强劲的发展势头。斯沃琪集团与蒂芙尼的合作,原本可以被视为该集团进军高端珠宝领域的一次尝试。然而,合作破裂后,斯沃琪集团需要在高端珠宝市场中寻找新的立足之地,而 Harry Winston 则成为一个颇具吸引力的潜在合作对象。

11.3.2 Harry Winston 重心转移

2012 年底,Harry Winston 收购了全球矿业巨头必和必拓(BHP Billiton)旗下的加拿大 EKATI 钻石矿业及其钻石营销业务。在此之前,Harry Winston 集

团已持有Diavik钻石矿40%的权益(图11-2)。此次收购完成后,公司成功拥有了两个世界级钻石生产资产。同时,有报道指出,在同一时期,Harry Winston正考虑出售其手表和珠宝业务,以便更专注于钻石开采业务。当时,与其进行接洽的潜在买家包括法国奢侈品集团路威酩轩(LVMH)及巴黎春天集团(PPR)等大型综合奢侈品企业。

图11-2 Diavik钻石矿

资料显示,2012财政年度,Harry Winston矿业部门的销售额达到2.90亿美元,息税折旧摊销前利润(EBITDA)为1.275亿美元,营业利润为4900万美元。该公司珠宝部门的销售额为4.12亿美元,几乎是矿业部门的1.5倍,然而,其EBITDA仅为3200万美元,仅为矿业部门的1/4左右,营业利润也只有矿业部门的约40%。此外,Harry Winston二季度奢侈品业务销售额下跌了13%,若按固定汇率计算则下跌11%,从上一年的1.328亿美元降至1.154亿美元。但在三季度,情况有所好转,珠宝零售业务营收增长了14%,达到9560万美元。与此同时,钻石开采业务的营收增长率高达134%,达到8480万美元,其增速几乎是珠宝零售业务的近10倍。

另外,2012年8月,Harry Winston发布的关于Diavik钻石矿的最新勘探报告中提及:"按照每年2%的钻石价格上涨速度和7%的折现率来计算,该矿的估值至少达到21亿美元。Diavik矿自2003年投产以来,至2011年底已累计产出690万克拉的钻石原石,各管状矿所产原石的估价介于每克拉115~215美元之间。据预测,该矿未来还将产出780万克拉的钻石,预计总销售额可达135亿美元,毛利将达到43亿美元。"

显然,对于Harry Winston而言,其钻石开采业务相较于奢侈品零售业务更具吸引力。而斯沃琪集团所接手的2.5亿美元净负债也暗示其零售业务可能正面临挑战。因此,将零售业务转手并专注于矿业,对于Harry Winston来说,无疑是一个明智的抉择。

11.3.3 斯沃琪集团财政稳健,现金流充足

良好的资产状况是实施收购行动的基础。从斯沃琪集团2012年的年度报告来看,该集团多年未进行收购活动,资金充裕,发展状态良好。

11.4 收购价格分析

在Harry Winston考虑出售其珠宝和腕表业务的消息传出后,有分析师估算其价值约为7.7亿美元,并预测交易中将产生溢价。然而,最终的收购成交价格达到了10亿美元,这让许多分析师认为价格偏高。

尽管如此,斯沃琪集团首席执行官尼克·海耶克(Nick Hayek)在接受路透社采访时表示:"Harry Winston有望在4~5年内实现超过10亿瑞士法郎(约合11亿美元)的销售额,并产生2.5亿瑞士法郎的净利润。它在美国和日本市场的强大地位对斯沃琪集团来说极具吸引力。"

此次收购使Harry Winston的企业估值攀升至10亿美元。花旗分析师预测,Harry Winston奢侈品部门的EBITDA(息税折旧摊销前利润)增长率将从两年前的8%增长至15%,这意味着企业价值与EBITDA的比率为13.5。相比之下,行业内最近的一笔交易是2011年路威酩轩集团以52亿美元收购宝格丽,当时的企业价值与EBITDA比率为23。

这笔交易的"昂贵"价格反映了Harry Winston当前的盈利能力以及其品牌正处于生产增长阶段。尽管收购价格较高,但预计这将为斯沃琪集团带来约5%的总收入增长,对收益产生积极影响。考虑到集团资金充裕,总体来说,10亿美元的收购价格还算合理。

11.5 收购影响

11.5.1 海瑞温斯顿控股公司专注钻石开采业务并拓展全球市场

在收购之前,海瑞温斯顿控股公司拥有钻石开采与珠宝零售两大业务板块。钻石开采业务为零售珠宝提供了丰富且成本更低的钻石原料,而零售业务则确保了开采出的原石有稳定的市场需求。通过整合价值链的前端与末端资源,海瑞温斯顿控股公司得以拥有强大的竞争力并拓展了更大的市场份额。

此次收购行动中,公司决定将利润回报相对较低且需投入更多精力的 Harry Winston 品牌零售业务剥离,并更名为多米宁钻石公司,专注于利润回报高且未来需求潜力巨大的钻石原石开采业务,转型为纯粹的钻石供应商。拥有 Diavik 钻石矿 40% 的股权,加之大量的现金盈余,多米宁钻石公司有望成为世界第三大钻石供应商。2013 年,多米宁钻石公司的总收入达到了 7.519 亿美元;2014 年,公司开始尝试拓展 CanadaMark 钻石品牌,涉足成品裸钻的销售。

相较于以采矿业务起家的原母公司,拥有多年收购及品牌经营经验且急于进军高端珠宝市场的斯沃琪集团,对 Harry Winston 的品牌管理给予了更高的重视。斯沃琪集团主席娜拉·海耶克(Nayla Hayek)同时兼任 Harry Winston 的首席执行官。斯沃琪集团在收购 Harry Winston 的同一年,就以品牌名义购入了重达 101.73 克拉的温斯顿传奇之钻(图 11-3);紧接着,在 2014 年 5 月,又成功拍下一颗净度无瑕、重达 13.22 克拉的艳彩蓝钻,并将其命名为"温斯顿蓝钻"(Winston Blue)(图 11-4)。

2013 年,斯沃琪集团投入大量资金用于 Harry Winston 的市场营销活动,并借助集团自身的优势强化了品牌的腕表业务。在斯沃琪集团的运营下,Harry Winston 的珠宝与腕表业务均实现了显著增长。收购前,该品牌在全球范围内拥有 25 家珠宝精品店及 190 个分销点;而到 2018 年,品牌精品店的数量已增至 44 家,同时新增了 112 个腕表经销商。

被斯沃琪集团收购后,Harry Winston 的产品线进一步丰富,高级珠宝系列主要有 New York 系列、The Incredibles 系列、Winston Icons 系列、Royal

第 11 章　Harry Winston 海瑞温斯顿
与 Swatch 互惠互利的收购

图 11-3　温斯顿传奇之钻

图 11-4　温斯顿蓝钻

Adornments 系列、Majestic Escapes 系列、Marvelous Creations 系列等；珠宝系列有 Lily Cluster 系列、Sunflower 系列、Sparkling Cluster 系列、Forget-Me-Not 系列、HW Logo 系列、Winston Cluster 系列等；腕表系列有 Ocean 系列、Emerald 系列、Avenue 系列、Premier 系列、Midnight 系列等。相比收购前，Harry Winston 无论是在产品数量还是整体规模上，都实现了显著增长。

11.5.2　斯沃琪集团成功跻身高端珠宝行业

通过全资收购 Harry Winston 品牌，斯沃琪集团成功跻身高端珠宝行业。尽管其规模尚无法与历峰集团旗下的珠宝品牌相提并论，但作为世界十大珠宝品牌之一,Harry Winston 足以强化斯沃琪集团投资组合中相对薄弱的高端珠宝领域,并同时扩充其高端腕表产品线,实现了双赢。正如集团主席娜拉·海耶克所评价:"Harry Winston 完美地填补了斯沃琪集团高端业务线的空白。"此外,此次收购还使斯沃琪集团获得了来自多米宁钻石公司的稳定抛光钻石资源供应,并可能为其开辟进入钻石抛光行业的新机遇。

收购公告发布后,斯沃琪集团股价随即飙升,从先前的收盘价 27 美元开盘上涨 3.7%,接近 28 美元。2013 年,即收购完成的当年,斯沃琪年度财报显示其珠宝和腕表业务同比增长了 10%。据路透社援引瑞万通博银行(Vontobel)分析师雷内·韦伯(Rene Weber)的估算,这 10% 的增长中,约有 3% 的增幅直接源于对 Harry Winston 珠宝、腕表业务的收购。

在 2013 年的半年度报告中,斯沃琪集团提到:"从 11 月开始,Harry Winston 品牌的持续整合也将发挥重要作用,因为该品牌在高端珠宝和手表业务中拥有巨大的、几乎尚未开发的市场潜力。"可以说,对于斯沃琪集团而言,Harry Winston 的珠宝、腕表业务已成为其与其他奢侈品集团竞争的一大信心支柱。

11.6 结 语

斯沃琪集团收购了 Harry Winston 品牌的珠宝、腕表业务,双方在极短的时间内迅速完成了谈判与合约签订。这一消息报道后,令众多业内人士感到十分惊讶,因为 2013 年的首项重大收购竟然发生在这两个知名却看似"不搭界"的公司之间。然而,深入了解收购双方的需求与意图后,不难发现这是一次双赢的收购。

收购完成后,无论是斯沃琪集团,还是因此分道扬镳的 Harry Winston 与多米宁钻石公司,都如愿以偿地各取所需:斯沃琪集团拿到了进入高端珠宝行业的"入场券",Harry Winston 得到了强劲的发展动力,而多米宁钻石公司则摆脱了零售业务的束缚,得以专注于矿业。各方均从中受益,合作一拍即合。这样的机遇实属难得,需要天时、地利、人和的完美契合,一旦出现就应果断把握。

第 11 章　Harry Winston 海瑞温斯顿
与 Swatch 互惠互利的收购

思　考

（1）在评估期望收购的对象时，我们可以从哪些方面进行深入的了解和考察？

（2）易主后的 Harry Winston 应如何维持原有的品牌基因？

第 *12* 章

Chimento 奇门托
打造品牌新思路，专注产品组合深度

品牌名称：Chimento（奇门托）
品牌发源地（年份）：意大利维琴察（1964）
公司（或集团）名称：家族经营

意大利珠宝因其卓越的黄金制造工艺与不凡的设计风格而闻名于世，孕育了如布契拉提、宝格丽、玳美雅、宝曼兰朵等全球顶级的珠宝品牌。与这些知名品牌常被一同提及的，还有鲜为人知的奇门托（Chimento）。尽管奇门托没有中文官方网站，在亚太地区也没有设立门店，其规模、国际化程度及知名度均不及前述四大品牌，但它依然是意大利顶级珠宝品牌的杰出代表之一。这得益于该品牌对创新金饰制作的执着追求与专注投入。因此，尽管品牌规模相对较小，但它依然是意大利高端黄金饰品领域的佼佼者。

12.1 品牌核心业务：意大利手工艺金饰

Chimento 品牌起源于 1964 年，诞生地是意大利著名的维琴察珠宝区。与众多本地首饰工坊相似，该品牌以制作金饰起家。创始人阿德里亚诺·奇门托（Adriano Chimento）凭借其卓越的才华、满腔的热情及敏锐的商业头脑，使

第 12 章　Chimento 奇门托
打造品牌新思路，专注产品组合深度

Chimento 品牌成为意大利金匠品质的杰出诠释者。历经半个世纪的发展，尽管品牌的规模与知名度不断攀升，但家族的继承人始终坚守初心，专注于金饰的设计与制造，在继承传统的基础上推出了全新的当代设计系列，进一步巩固了其作为意大利金匠大师的地位。

Chimento 的首饰并非全然素金，而是巧妙地融入了钻石、珍珠等宝石元素，这些宝石仅起到点缀作用，较为突出的依然是金属部分的结构与形态。品牌打破了传统金饰形态固定的常规，创新性地采用半刚性材料，将一个个精致的 K 金零件串联起来，打造出如链条般柔软、可弯曲伸缩的独特首饰。这一独特技术已成为 Chimento 的专利。

这项技术的精髓在于使首饰既"刚柔并济"又具有立体效果（图 12-1）。"刚柔并济"是指，这些金饰虽具备柔韧性，能够弯曲自如，却不同于普通手链或金属表带那般无法自行保持形状。采用半刚性材料制成的手环，既便于佩戴又能迅速恢复并保持圆形，兼具实用性与美观性。具有立体效果则是指，相较于一般链状首饰元素在二维平面的简单排列，Chimento 能将元素在三维空间中巧妙布局，形成圆柱状链条，并通过精妙的设计确保每个元素之间契合连贯，不破坏首饰整体的流畅线条，展现出非凡的立体美感。

图 12-1　Chimento 特殊工艺

品牌深知，以重复的简单元素构建金饰是其最核心的风格与"DNA"，其中最具标志性的当属 Bamboo Over 系列。该系列将"竹节"抽象化为两端粗中间细、顶底部呈半球状的形态，这些形态由小至大再逐渐变小，环绕排列成一圈，再辅以碎钻和品牌标识的点缀，使得整体线条既流畅又充满变化（图 12-2）。该系列一经推出，便迅速赢得了消费者的喜爱与赞赏，历经十几年时光，已成为经久不衰的明星产品。

图 12-2 Chimento Bamboo Over 手镯

12.2 品牌产品组合策略：致力于增加产品组合深度

时至今日，Chimento 依然专注于金饰领域，因为金饰制作工艺技术是其核心竞争力所在。既要保持品牌独有的金饰风格，又要让本身就璀璨的宝石更加耀眼，这不仅是对设计能力的极大考验，还需要更多且技艺更为精湛的工匠参与其中。对于仍采用家族式管理的 Chimento 而言，这无疑是一项充满难度与风险的任务。

相比于其他几家知名的意大利珠宝品牌，Chimento 的产品线相对精简，基本维持在 10 条左右。除了经典的 Bamboo、Stretch 等系列产品外，品牌每年仅推出几个新系列。

虽然产品线数量不多，但品牌在增加产品深度上投入了不少精力。以 2025 年 3 月品牌意大利官网展示的产品为例，共有 Armillas、Bamboo、Double、Stardust、Stretch、Forever、Link、X-Tend 等系列，现以其中五个系列举例。

Armillas 系列下设五个子系列，分别是 Armillas、Armillas Acqua、Armillas Acqua Pearl、Armillas Pyramis 和 Armillas Secret。该系列提供手链、戒指、耳环等款式，由简单的几何元素平行单层排列构成，设计简约且易于混搭（图 12-3）。

Bamboo 系列包含 Bamboo Flirt 和 Bamboo Over 两个子系列，前者以细长且未排列的竹节元素为特色，后者则由短而圆润的竹节元素排列构成，相比之下，Over 系列更显夸张别致。

第 12 章　Chimento 奇门托
打造品牌新思路，专注产品组合深度

图 12-3　Armillas 系列

Double 系列下有 Double Mosaico 和 Double Airon 两个子系列，其中 Double Mosaico 系列将多层元素排列于同一平面内，营造出类似手表表带的效果（图 12-4），其元素为棱角圆滑的三面体，整体风格为现代简约。

图 12-4　Double Mosaico 系列

Stardust 系列采用了符合人体工程学的设计，使首饰能够适应身体的曲线。金属部分被打磨成镜面效果，极具未来感，并配以"星尘"——碎钻装饰（图 12-5）。

图 12-5　Stardust 系列

Stretch 系列包含 Stretch Spring、Stretch Spring Charms、Stretch Classic、Stretch Nuvola 四个子系列,均为立体效果的首饰。前三者是具有编织效果与弹性的链状首饰(图 12-6),Stretch Nuvola 系列则以重复层叠的柔软线条为特色,并镶嵌碎钻,视觉效果复杂而富有层次。

图 12-6　Stretch Classic 系列

在产品线有限的情况下,品牌对每个产品系列都进行了精心的规划与设计。秉承"重复元素排列"的品牌风格,各主系列之间特色鲜明、风格各异,而每个系列内部则通过不同的颜色运用、元素搭配及排列方式,为消费者提供了多样化的选择。显然,品牌在产品组合的深度上投入了大量时间与精力,进行了充分的挖掘与拓展。

Chimento 金饰线条流畅、大气简约,总是能在简单元素重复排列中,加入小的设计巧思:通过运用不同材质,创造出鲜明的色彩对比;或在表面雕琢出细微纹理,使整件首饰与众不同。每个最终确定的细节设计,都凝聚了品牌的大量心血。Chimento 不盲目追随潮流,而是耐心雕琢每一处细节,凭借精美与高品质,开辟出属于自己的市场道路。

12.3　"少而精"的品牌形象

Chimento 通过精简的产品线与丰富的产品组合,展现了"少而精"的品牌形象。它投入时间精心打造既美观又富有创意的首饰产品,尽管首饰系列数量不多,但每个系列都彰显出品牌独一无二的风格与设计理念。

"少而精"的形象传递出双重信息:一方面,少量意味着每件产品都倾注了大量时间与精力,其背后寓意是"汇聚了无数心血的结晶";另一方面,品牌珍视自身声誉,不盲目追求利益而随意扩展产品线,这是对意大利黄金工艺传统、品牌历史及家族传承的尊重。对于这样的品牌,消费者往往怀有信赖与敬意,对品牌溢价有较高的接受度。同时,凭借卓越的产品质量与独特的风格,品牌在瞬息万变的市场中展现出更强的稳定性。

12.4 结 语

专注于金饰制作的Chimento,凭借其创新技术、精湛工艺和独特设计,已经成长为一家拥有全球业务的珠宝公司。在当今珠宝奢侈品品牌纷纷寻求产品线扩张,甚至涉足非珠宝产品领域的背景下,Chimento的发展路线或许可以给一些企业或创业者以启发。经济全球化和众多新兴国家的快速发展,为许多像Chimento这样的奢侈品品牌提供了专注于自身领域发展和扩张的契机,使得众多小众奢侈品品牌或轻奢品牌获得了更多的关注与热度。

当然,Chimento的成功并非易于复制,它要求极高的自主创新能力和精湛的珠宝工艺水平,同时也离不开企业管理者的耐心与坚持,以及行业对企业专利和知识产权的有效保护。

思 考

(1) 在消费者越来越追求个性化的趋势下,"少而精"的珠宝产品与这样的需求是否存在矛盾?如果有矛盾,是否可以化解?

(2) 中国与意大利在黄金首饰的历史发展、消费观念和市场情况方面有哪些区别?这些区别对珠宝企业有什么影响?

第 13 章

Mikimoto 御木本
海水养殖珍珠品质管理

品牌名称：Mikimoto（御木本）
品牌发源地（年份）：日本三重县鸟羽市（1893）
公司（或集团）名称：御木本珠宝有限公司（株式会社ミキモト装身具）

  Mikimoto 成立于 1893 年,是日本著名的以珍珠为特色的珠宝品牌。同年,品牌创始人御木本幸吉（Kokichi Mikimoto）在全世界成功开创珍珠养殖的先河。怀揣着"用珍珠装点世间所有女性"的美好愿景,Mikimoto 不断精研工艺,将珍珠升华为精美的珠宝。1899 年,御木本幸吉在日本银座开设了第一家专营珍珠饰品的珠宝店,为日本现代珠宝产业的发展奠定了基础。同时,他还敏锐地将目光投向海外市场。1893 年,御木本幸吉携带用养殖珍珠制作的工艺品参加了美国芝加哥哥伦布纪念博览会。自此以后,他屡次携珍珠产品亮相世界各地的展销会,让世人亲身领略珍珠的魅力。1913 年,Mikimoto 于英国伦敦开设首家海外分店,并先后进驻纽约、巴黎等国际时尚之都。在御木本幸吉的不懈努力下,Mikimoto 珍珠享誉全球,成为品质珍珠的代名词,并被奉为日本文化的象征。

  毫无疑问,Mikimoto 的成功除了其卓越的品牌推广策略、精美绝伦的加工工艺,还有其对珍珠品质的严格把控。Mikimoto 成功将养殖珍珠的概念推向世界,并向世界表明养殖珍珠并不是假的珍珠,而是与天然珍珠具有相同成分的珍珠品类。经过多年的苦心经营，Mikimoto 获得了巨大的成功。

13.1 Mikimoto 的创业之路

13.1.1 人工养殖珍珠技术的开创

御木本幸吉于 1858 年出生于日本三重县鸟羽市。其故乡盛产天然珍珠，但栖息在当地海洋中的 Akoya 母贝却因过度捕捞，数量连年递减。于是，御木本幸吉决定保护 Akoya 母贝，对其进行人工繁殖，进而实现珍珠的人工养殖。在历经数次赤潮危害和资金枯竭的严峻挑战后，他克服重重困难，终于在 1893 年 7 月 11 日于鸟羽的相岛（现更名为"Mikimoto 珍珠岛"）成功培育出世界上第一颗半球形珍珠。在那之前，珍珠只能从天然母贝中采集，且多为无核珍珠，产量极不稳定。但御木本幸吉从养殖 Akoya 母贝入手，首次通过人工方式插入珠核，成功培育出了珍珠，延续了珍珠的生命力，翻开了近代珍珠发展的新篇章。随后，在 1905 年，他又成功实现了球形珍珠的养殖。连被誉为"发明之王"的爱迪生也由衷赞叹："Mikimoto 创造了珍珠，惊艳了全世界！"

13.1.2 人工养殖珍珠技术的突破

1914 年，御木本幸吉在冲绳县石垣岛设立培育黑唇珍珠（black-lipped pearl）的养殖场，努力探索黑唇珍珠的养殖方法。当时由于黑唇珍珠非常稀少，人们都认为要培育出这种珍珠简直是天方夜谭。御木本幸吉派出科研人员前往帕劳（Palau）群岛，努力试验黑唇珍珠与银唇珍珠的各种培育技术，并取得了突破性进展。他向世界证明了人工养殖珍珠也可以成为瑰丽的珠宝，为日本乃至全世界开创了珠宝制作的新时代。

13.1.3 技术融合与产业标准化

Mikimoto 是全球首家大规模成功培育养殖珍珠的公司。一百多年来，它在养殖珍珠领域持续深耕,致力于培育出优质的海水及淡水养殖珍珠。公司融合了日本传统珠宝首饰工艺与欧洲先进技艺,制作出精美华丽的珍珠首饰,从而在世界顶级珠宝商中赢得了一席之地。在这一百多年的发展历程中,Mikimoto不仅积累了深厚的珍珠养殖技术与经验,还在珍珠分级与挑选方面作出重要贡献,为其卓越的品质管理奠定了坚实基础。1921年,伦敦一家报纸发文指责称:"日本珍珠商销售的养殖珍珠是天然珍珠的仿制品,此销售行为构成商业欺诈。"此言一出,立即引起轩然大波,巴黎市场对养殖珍珠产生了质疑,并随之引发了一场民事诉讼。最终,Mikimoto赢得了这场官司。经过"巴黎诉讼"后,养殖珍珠及Mikimoto均获得了国际社会的广泛认可。

13.2 Mikimoto珍珠的养殖管理

13.2.1 养殖珍珠培育流程

Mikimoto以人工养殖珍珠起家(图13-1),在日本的众多海域都设有珍珠养殖场。经过多年的珍珠养殖摸索探究,它初步建立了一套海水养殖珍珠培育流程。

图13-1 Mikimoto人工养殖珍珠

(1)珍珠母贝的养殖。这一过程在珍珠养殖总部进行,涵盖了珍珠贝的繁殖、饲养、准备,以及向母贝中插入珠核及外套膜小片细胞的手术操作,还包括手术后的母贝休养。其中,将珠核和外套膜的一小片组织精准地插入珍珠母贝体内,这一步骤至关重要,其成功与否直接决定了珍珠的最终品质,因此,通常由拥有数十年丰富经验的技师来负责完成。

(2) 孕育珍珠。珍珠母贝在植入珠核后逐渐恢复元气,开始在组织中孕育珍珠,这一过程在主养殖场中进行。

(3) 冬季珍珠的培育管理。到了冬季,珍珠母贝会被转移到专门的冬季养殖场,以确保它们能在温度不低于10℃的海水中继续健康养殖。

(4) 珍珠采收。珍珠采收在捕捞场中进行。设立捕捞场是为了在收获珍珠前,让珍珠贝在此环境中进一步孕育,以确保珍珠表层呈现出最佳色泽。珍珠采收工作通常在海水温度下降的冬季进行,因为此时珍珠贝的活动减缓,有利于形成质量上乘、美丽动人的珍珠质。采收过程中,工人们会打捞起珍珠贝,切断闭壳肌,将含有珍珠的贝肉与贝壳分离。随后,贝肉被放入混合器中,加入石灰粉,以促进贝肉与珍珠的分离。分离出的珍珠经过清洗后,即可得到最终的成品。这些珍珠在采收后不进行任何加工打磨或粉饰,保留了最本真的颜色和光泽,色泽饱满,晶莹柔美。

13.2.2 珍珠培育注意事项

(1) 保证水资源环境无污染。从培育母贝幼苗到珍珠成形、生长、采收,往往要经历4~5年的时间。由于母贝是非常敏感的生物,工人们必须时时监测天气变化情况,及时在恶劣天气来临之前将母贝转移至安全的海湾内,保证母贝能够在健康、稳定的水资源环境中生长,以孕育出品质优良的珍珠。在这段培育期,唯一可控的就是为珍珠生长提供尽可能好的水资源环境。

(2) 保证温度适宜。珍珠母贝对环境温度的变化极其敏感,一般需生活在海水温度13℃以上的海域。冬季,海水温度较低,但也应保证在10℃以上,这样才有利于珍珠的培育。

(3) 建立零排放型珍珠养殖场。珍珠养殖不仅对养殖场有严格要求,而且要求养殖场周边必须具备良好的自然环境。为保护自然环境、实现养殖业的可持续发展,Mikimoto坚持发展无排放物的零排放型珍珠养殖(图13-2)。以往,收获珍珠后,贝类除了可食用的闭壳肌等部分被摘取外,其余部分往往被丢弃。Mikimoto与集团各公司及外部公司通力合作,充分利用珍珠养殖过程中产生的所有副产品。例如,从采收珍珠后的贝肉或贝壳内提取胶原蛋白及珍珠层蛋白

（贝壳硬蛋白）、珍珠矿物质等有效成分，用作化妆品或保健品的原材料。此外，贝壳还被用于制作装饰品或土壤改良剂，贝肉残渣及养殖过程中贝壳上附着的寄生生物等则可用于制作堆肥。

图 13-2　御木本珍珠养殖场

13.3　养殖珍珠的挑选原则

即便是在同一片海域、由同一种母贝培养出的珍珠，其品质也不可能完全一致。因此，Mikimoto饰品所使用的珍珠均经过严格筛选，以确保每件饰品的高品质。值得注意的是，珍珠的甄别并没有固定的文本规范，而是完全依赖于技师长期积累的经验，通过肉眼对光泽、珍珠层厚度、形状、大小、颜色等多个方面进行综合判断，从中筛选出达到特级标准的珍珠，用于制作珠宝饰品。在Mikimoto严苛的拣选流程中，仅有5%的珍珠能够脱颖而出。而那些未能入选的珍珠，则会作为化妆品或健康食品的原料得到合理利用。

（1）光泽。在挑选珍珠时，首先要注重的是光泽。表面光滑度、珍珠层厚度及其均一性等因素都会影响珍珠的光泽。光泽强度与珍珠层厚度有着密切联系，珍珠层越厚，珍珠的光泽越强。

（2）珍珠层厚度。珍珠层越厚，则珍珠品质越佳。从坚硬度方面来看，珍珠层厚度也是一个影响质量的重要因素。珍珠层厚度与养殖时间有关，养殖时间越短，则珍珠层越薄。

（3）形状。通常认为越接近正圆的珍珠品质越佳，但形状独特的巴洛克形

（即不规则形）及线条流畅优美的水滴形珍珠也很有魅力。

（4）大小。圆形珍珠的直径单位一般为毫米。

（5）颜色。珍珠大多为白色或乳白色。在Mikimoto养殖的海水珍珠中，最主要且技术最成熟的是Akoya珍珠。Akoya珍珠除了白色系之外，还有粉色系、绿色系、奶油色系和金色系，以颜色均匀者为佳。

日本真珠科学研究所是养殖珍珠领域内最为权威的鉴定机构，其制定的海水养殖珍珠等级标准正是基于Mikimoto的珍珠品质金字塔发展而来（图13-3）。

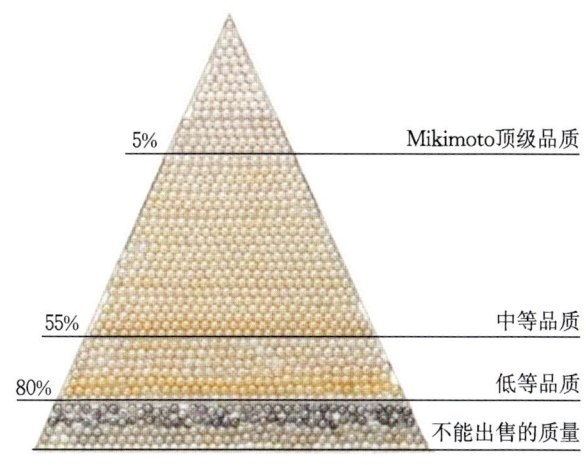

图13-3　Mikimoto珍珠品质金字塔

13.4　坚持高品质的决心

Mikimoto是全世界为数不多的集生产、设计、销售、售后服务于一体的珠宝商之一。品牌对珍珠品质的追求贯穿于珠宝制作的每一个环节，从海中育珠开始，直到珍珠化身为顾客身上美丽的珍珠饰品为止，一刻也不曾松懈。

Mikimoto成功开拓出人工养殖珍珠这一广阔领域，这引起了很多人的效仿。日本早期的养珠业者，普遍对品质管控不重视，以致国际上有"日本的珍珠就如同廉价玩具"的说法。御木本先生为了"更正视听"，特地在有国际媒体聚集的神户商工会议所前烧毁将近135kg的劣质珍珠（图13-4），除了对不自爱的"同行"提出抗议外，也强调了自身对于珍珠的感情。在御木本幸吉所创立的品牌

Mikimoto中,采集到的珍珠仅有5%能通过严格的筛选,最终被用于制作精致的珍珠首饰。此后,御木本一直坚持使用高品质的珍珠制作华美首饰。

图13-4 御木本幸吉先生烧毁劣质珍珠

13.5 设计案例分析

Mikimoto在设计上以其独特的美学理念和精湛的工艺著称。品牌的设计师专注于展现珍珠的自然之美,根据珍珠的种类、色泽与形态,将其与彩色宝石、钻石搭配使用,充分呈现珍珠的优雅气质与独特魅力。其珠宝系列丰富多样,包括项链、耳环、戒指、胸针、手链等多种款式。每年在瑞士巴塞尔世界钟表珠宝博览会上,Mikimoto都会推出最新的高级珠宝系列。这些作品不仅展示了品牌精湛的珠宝制作工艺,也体现了Mikimoto对完善品质的不懈追求。

(1) V Code系列。2023年适逢Mikimoto创立130周年,品牌以"胜利"(Victory)为灵感推出了V Code系列,象征品牌与女性力量的双重胜利。系列中的耳钉、吊坠、项链等多种款式,将Akoya珍珠与黄金或白金结合使用,珍珠镶嵌方式包括不对称点缀或中央悬空效果。蕴含力量感的深"V"字设计,与珍珠柔和的光泽形成鲜明对比,刚柔并济,更显摩登气质,展现了简约干练的现代风格。(图13-5)。

(2) Double Eight(88)系列。数字"8"在汉语中与"发"谐音,象征幸运与繁荣。Mikimoto以此为核心,将"8"字抽象化为设计语言,赋予珠宝传统文化寓意。该系列以经典珍珠项链为主打产品,采用 88 颗直径为 8~8.8 毫米、正圆强光的日本 Akoya 珍珠,并以 18K 白金打造"8"字形扣饰。通过调节扣饰长度,可以改变项链的佩戴方式,以适应日常与宴会场景。Double Eight(88)系列契合亚洲市场对幸运符号的偏好,尤其受中国市场欢迎。自 2013 年推出后,该系列成为品牌经典,多次复刻并扩展设计,款式包括项链、手链、耳环等,形成了完整的产品线(图 13-6)。

图 13-5　V Code 白金吊坠及项链　　　　图 13-6　Double Eight(88)系列项链

13.6　结　语

自 1893 年御木本幸吉先生成功发明珍珠培育技术以来,Mikimoto 一直实行集中"一贯体制"管理模式,从原材料的采购、珠宝的设计,到珠宝制作、成品检验,每一环节均由日本公司内部经营管理。因此,在 Mikimoto,每一件珠宝都是各专业部门经验与综合能力的直接展现。御木本幸吉自创业时起,就非常注重珠宝设计。他还特意派研究员远赴欧美国家,研究西式珠宝设计及传统制作工艺。得益于他们带回的资料和珠宝首饰样本,Mikimoto 的设计师掌握了最前沿的西式设计技巧,并将其与自身的专业性和原创性相结合。通过持续不断地创新与突破,Mikimoto 在竞争激烈的世界顶级珠宝品牌中,确立了与 Akoya 珍珠在全球海水珍珠行业中同样卓越的地位。

思 考

（1）御木本幸吉烧毁劣质养殖珍珠的故事对 Mikimoto 后来的发展有何影响？

（2）创始人的理念和行动对品牌的发展有何影响？

第 14 章

Cartier 卡地亚
新系列的诞生与成长

品牌名称：Cartier（卡地亚）
品牌发源地（年份）：法国巴黎（1847）
公司（或集团）名称：历峰集团

奢侈品品牌管理者们始终致力于创造并维护其独特的品牌世界，积极与消费者建立沟通桥梁。相较于其他传统产品品牌，奢侈品品牌更应不断充实其品牌世界的内涵，而不仅仅依赖于一句标语或承诺。在挖掘新的品牌故事、向消费者传达品牌历史精神的过程中，发布新产品系列显得尤为重要——它们通常能够细化并展现品牌世界中的某一理念，从而丰富品牌形象。这些新产品系列与已有产品系列之间并非替代或竞争关系，而是相辅相成的。

自高级珠宝问世以来，大自然丰富多彩的景象便为工匠们提供了源源不断的灵感。法国奢侈品品牌卡地亚（Cartier）于1847年在巴黎创立，该品牌在自然花卉图案的选择上以大胆且独特的创意而著称。历史上，卡地亚曾以兰花为主要设计元素，同时也从玫瑰、水仙花、紫罗兰、罂粟花和雏菊等花卉中汲取灵感。2016年，卡地亚出人意料地选择了极具冲击力的仙人掌作为设计元素，推出了全新的Cactus de Cartier仙人掌珠宝系列，该系列于同年9月在全球上市。

14.1 灵感选择

为了突出产品的象征意义及其社会与文化价值，在进行产品设计时，应当促使消费者产生尽可能丰富的非语言性品牌联想。例如，梵克雅宝的芭蕾舞伶系列，仿佛让人自由自在地徜徉于神秘而精致的"珠宝乐园"；又如宝格丽的灵蛇设计，以其魅惑、危险而又极致诱人的意大利风情引人入胜；再如蒂芙尼的蓝色包装盒，不用打开，便知其中蕴藏的是一份满载爱意与惊喜的礼物。诸如此类的联想，对奢侈品品牌而言至关重要。品牌需要借助一系列具象且富有意义的符号，通过多种途径来传达自身理念，从而构建起独特的品牌形象。一个全新的珠宝系列，在带给消费者惊喜的同时，更应让消费者轻松联想到品牌独有的风格及其深层的象征寓意。

14.1.1 保持独特性

尽管以植物花卉为灵感的设计风格自高级珠宝诞生之初便持续存在，但2016年前后，此种风格再度兴起，成为时尚潮流的焦点。奢侈品品牌纷纷把握住了这一潮流，创造出经典之作。鉴于众多品牌都在探索自然珠宝系列，灵感来源就必须兼具时尚性与独特性，以此塑造品牌的独特标识，激发消费者的联想，从而在消费者心中占据一席之地。

各大珠宝品牌纷纷从自然花卉中提炼出各自独特的品牌标签，例如香奈儿（Chanel）的山茶花、伯爵（Piaget）与迪奥（Dior）的玫瑰花（尽管两者均以玫瑰为灵感，但设计风格迥异，易于区分）（图14-1）。而素有"皇室的珠宝商，珠宝商的皇帝"之称的卡地亚，在其他品牌仍热衷于用宝石设计展现花朵的精致与唯美之时，却独树一帜，将目光投向了来自沙漠的、带刺而坚韧、略显硬朗的植物花卉——仙人掌，这与传统灵感花卉的风格大相径庭。

14.1.2 彰显品牌风格

新产品不仅需要具备独特性，还应与品牌的历史、文化紧密相连，而非孤立

图 14-1　香奈儿（左）、伯爵（中）和迪奥（右）的自然花卉珠宝

存在。它应作为品牌传播的重要组成部分，有效传递品牌价值。换句话说，新产品既要为消费者带来惊喜，又要强化他们对品牌的认知，在延续品牌风格的基础上展现多样化的表达。

　　为什么卡地亚会选择这种带刺、外形略显粗犷甚至初看并不讨喜的花卉作为灵感来源呢？拥有悠久历史的卡地亚，一直以来都吸引着全球皇室名流，以其极致奢华和优雅而著称。在保持众多经典设计的同时，卡地亚也延续着不断探索和迎接挑战的品牌精神，不断融入当代时尚元素，走在时尚的前沿。大胆且富有创意的设计在卡地亚的发展历程中并不罕见，无论是装饰艺术时期的猎豹形象，还是需要借助螺丝刀佩戴的 Love 系列手镯，都已成为品牌的标志性设计。卡地亚的品牌形象总监皮埃尔·雷纳罗（Pierre Rainero）解释道："我们需要找到一种具有卡地亚特色的花朵，而且它绝不能平庸。生长在广袤沙漠中的仙人掌，种类繁多，能够完美地结合现实的真实性和广阔的想象空间。"

　　事实证明，卡地亚成功地找到了仙人掌的隐喻含义，将其特质与现代女性气质的复杂性完美契合。它在恶劣环境中生存，从不妥协；在日落后的夜晚，又绽放出美丽花朵，展现出极致诱惑，但身上的刺又让人难以接近，只能远观。这种原始的美丽蕴含着狂野的力量感，带着一丝叛逆，却又不失自然的优雅。

14.2　设计风格及款式定价

　　新产品系列在推出时，首先需符合品牌一贯的设计风格，并在此基础上追求设计创新。与梵克雅宝典型的精致唯美、自然花园风格，以及宝格丽神秘的色彩美学、意式风格不同，卡地亚一直保持着高贵、奢华、典雅的王室风范，这从其经典的 Tank 系列手表和猎豹系列高级珠宝中可见一斑。而全新的仙人掌产品系列,则通过鲜艳的色彩和大胆的形状设计,彰显出强大独立、崇尚自由的女性特质。与那些精致花卉不同,仙人掌外观硬朗且带刺,这就要求品牌进行珠宝设计时兼顾美观性与佩戴舒适性。因此,卡地亚巧妙地选择了圆顶造型作为这一系列的设计亮点,既收敛了"仙人掌"的尖刺,又点缀以"露水"和"花苞",使其硬朗中不失柔情。

卡地亚中国官网和中国香港地区官网上的 Cactus de Cartier 系列总共可分为五个子系列,涵盖了戒指、手镯、项链、耳坠等多种配饰。

子系列 1 主要采用黄金、绿玉髓、青金石、钻石,将它们切割成圆润的水滴形,突出仙人掌的立体形态,宝石底部点缀金锥,塑造出仙人掌标志性的尖刺(图 14-2)。

图 14-2　Cactus de Cartier 子系列 1 项链(左)和手镯(右)

子系列 2 主要采用 18K 黄金、祖母绿和钻石,其中 18K 金和钻石用于突出形状的边缘,金色的中心部分开出祖母绿花朵,二者相得益彰(图 14-3)。

图 14-3　Cactus de Cartier 子系列 2 项链(左)和手镯(右)

子系列 3 主要采用黄金、祖母绿、红宝石、钻石设计出立体的仙人掌造型,包含项链、手镯、耳环、戒指等多种款式(图 14-4)。

图 14-4　Cactus de Cartier 子系列 3

子系列 4 主要采用黄金、祖母绿、绿玉髓、红玉髓设计出立体的仙人掌造型(图 14-5)。采用绿玉髓和祖母绿模仿仙人掌的叶子,祖母绿被镶嵌在 18K 金底座中,周围环绕着以明亮式切割钻石为花心的红玉髓花朵。该系列还有相对简约的一套耳环和戒指。

图 14-5　Cactus de Cartier 子系列 4 手镯(左)、戒指(中)、耳环(右)

子系列 5 主要采用黄金、碧玺、钻石等材质,其中碧玺的造型和颜色模仿了仙人掌的灵动姿态,底座上伸出的镶爪则模拟出仙人掌上的尖刺,整体造型生动形象(图 14-6)。该系列有项链、手镯、耳环、戒指四种款式。

图 14-6　Cactus de Cartier 子系列 5

这几个子系列不仅仅在风格上有细微差异,更重要的是在材质、工艺及价格上存在显著区别。品牌将同一系列细分为不同的价格区间,以迎合更广泛、更多层次的消费群体。

14.3 营销推广

Cactus de Cartier 系列是卡地亚专为那些自由大胆、充满力量感且优雅的现代女性精心打造的。在经历了一系列复杂的前期调研、规划及研发流程后,为了更有效地全面进入市场,卡地亚制定了一套多渠道的市场进入策略,以确保能够精准触达目标消费群体。

14.3.1 产品试销——品牌发布会

按照新产品线开发的市场惯例,新产品在全面推向市场之前,需经过试销阶段,以此作为最后一次市场测试,评估其市场接纳度。在 2016 年 9 月全球正式发售之前,卡地亚于 7 月 2 日在法国巴黎市中心的东京宫(Palais de Tokyo)举办了一场别开生面的活动,首次展示了其全新的珠宝系列——Cactus de Cartier(图 14-7)。此次发布会以沙漠为主题,大至展览风格设计,小至甜品造型,每一处细节都旨在营造与新品展示相得益彰的氛围。空旷的场地被创造性地布置成由橙色沙丘雕塑构成的立体沙漠景观,绿色的脚凳和坐垫点缀其间。服务员穿梭其间,手托盛有绿色鹅肝球的盘子,搭配坚果蘸酱,这一设计巧妙契合了仙人掌的主题。夜幕降临后,受邀的品牌 VIP 客户及社会名流移步至塞纳河畔的露台,品鉴鸡尾酒,聆听自由奔放的音乐,并享用由米其林二星餐厅主厨精心准备的晚餐。

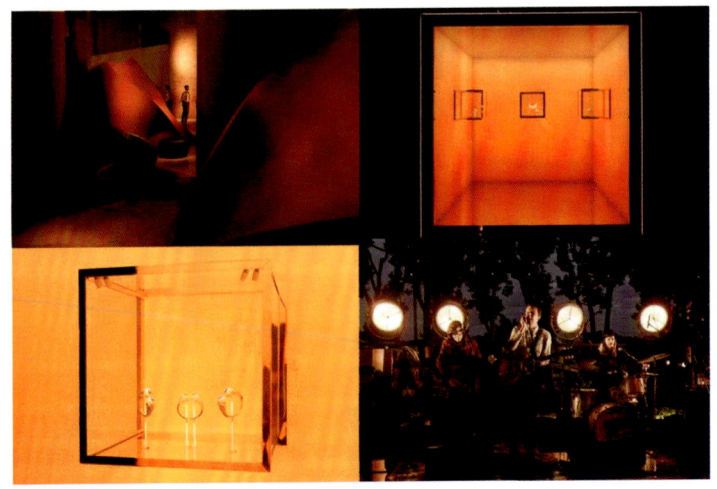

图 14-7 新珠宝系列的展示区

第 14 章 Cartier 卡地亚
新系列的诞生与成长

这场活动由西班牙女演员萝西·德·帕尔马（Rossy de Palma）主持。尽管她常被媒体和观众以"毕加索式的长相"形容，并屡遭"长相丑、奇怪"的非议，但她凭借自身的努力和才华，依然活得精彩，成为电影导演佩德罗·阿尔莫多瓦（Pedro Almodóvar）和设计师让·保罗·高缇耶（Jean Paul Gaultier）的"灵感缪斯"。卡地亚选择这样一位大胆、独特且充满魅力的女性来主持展示其专为现代新女性设计的新产品系列，无疑再次凸显了新系列的特点与风格。此外，活动还邀请了意大利社交名媛及卡地亚大使比安卡·布兰多利尼（Bianca Brandolini）出席。活动中，比安卡·布兰多利尼为她的绿色连衣裙搭配了该系列中最令人印象深刻的作品——"褪去尖刺的花朵"（A Flower Without Spikes）手镯，该作品以绿玉髓、祖母绿与钻石精工镶嵌，成为全场焦点。

14.3.2 全面推广——实体店铺

1. 橱窗

在橱窗出现的初期，橱窗设计师这一职业便应运而生，并逐渐扩展到店面陈列设计领域。传统实体店铺作为商家的门面，其极具美感的视觉呈现往往令人印象深刻，而富有创意、蕴含独特内涵的橱窗设计则能显著提升进店率和销售额。2016 年 9 月，Cactus de Cartier 系列珠宝发布后，全球各大卡地亚店铺的橱窗设计也迅速跟进。例如，德国慕尼黑卡地亚精品店特别为该系列设计的橱窗，以橙色为主背景，巧妙融合了仙人掌模型与卡地亚经典的黑豹元素，营造出一个生动的丛林场景（图 14-8）。

图 14-8　卡地亚橱窗

2. 店内鉴赏派对

奢侈品店铺，尤其是珠宝类奢侈品店铺，所提供的舒适试戴服务及其他店内服务所营造的购物体验，是线上购物所无法媲美的享受。这些店铺举办的新系列鉴赏会更是品牌爱好者们不容错过的盛事。例如，2016年9月30日晚，乌克兰基辅市的卡地亚精品店就举办了一场鉴赏会。店铺以经典卡地亚的红色与沙漠橙色为主色调，精心设计了植物主题的吧台，并邀请了当地的品牌爱好者、意见领袖、时尚界人士及媒体人士。他们齐聚一堂，共同观赏并体验新品系列。此次活动引发了珠宝时尚圈内对新产品系列大胆设计的热烈讨论。

14.3.3 周年庆——屋顶设计

2017年6月，卡地亚在其位于第五大道的旗舰店屋顶上举办周年庆活动（图14-9）。大厦顶部六楼被暖色调的橙色、亮黄色和柔和的洋红色装饰，旨在模仿沙漠的色彩，与店内展示的黄色和玫瑰色黄金首饰相映成趣。沉浸式的照明和渐变的配色设计，模拟了沙漠中从黎明到黄昏的自然光景。墙上悬挂着由艺术家 Ja Soon Kim 拍摄的仙人掌照片，周围点缀着真实的仙人掌植物，同时设有露天小屋和休息室，邀请游客驻足欣赏珠宝，并品尝仙人掌主题的鸡尾酒。该活动于2017年6月14日至29日期间向公众免费开放。

图 14-9 卡地亚的屋顶设计

14.3.4 特色中东市场进入策略——产品艺术概念展会

2017年10月，卡地亚针对中东消费者首次举办了以沙漠为主题的 Cactus de Cartier 系列展会，活动地点选在了拥有热带沙漠气候的科威特 Al Saheed 公园。公园内的绿色植被与产品系列形成了巧妙的融合,构成了理想的活动背景。这个艺术概念空间旨在重现沙漠景观及其生态环境,通过沙漠元素、沙丘造型以及灯光装置来营造氛围(图 14-10)。活动首先向 VIP 客户、媒体及意见领袖开放,随后于 10 月 27 日至 28 日,每天上午 11 点至晚上 10 点,向公众开放。

图 14-10　中东 Cactus de Cartier 系列展会

14.3.5　由谨慎转为大胆的宣传片

当仙人掌系列首次发布时,尽管品牌试图将其与突破传统、自由不羁的女性风格联系起来,但仍持有一定的试探性态度。为此,品牌采用了色彩绚烂、温暖璀璨的拍摄风格,旨在缓解仙人掌在消费者心中可能留下的过于硬朗、难以接近的初步印象。

到了 2018 年,卡地亚在仙人掌系列的宣传片中,选择了具有典型强势风格的模特玛丽娅卡拉·博斯科诺(Mariacarla Boscono),并采用达达主义艺术手法,将其刻画为一位既精致老练又不失趣味的女性形象。这一选择打破了奢侈品宣传片中常见的角色定型,也展现了该系列的二元特性。

14.4　结　语

为了丰富品牌世界,新产品系列的发布应当让消费者深刻体会到品牌的完整性与创新精神。尽管卡地亚已拥有猎豹、钉子、Love、Tank 等一系列令人自豪的图腾与经典系列,但推出新系列仍然是品牌向公众展现其创新能力、雄厚实力的重要一环。在此过程中需谨慎行事,避免新系列与旧系列形成不必要的竞争。卡地亚选择以仙人掌这一大胆且独特的植物为主题推出新系列,一方面确实为消费者带来了创新与惊喜,同时也延续了品牌一贯的自由、大气且优雅的设计风格;另一方面,这样的选择对于卡地亚的忠实拥趸而言也并不突兀或陌生,毕竟早在20世纪30年代的装饰艺术时期,品牌便已将猎豹作为标志性元素,象征女性力量与魅力。

思 考

(1) 当创建一个新的产品系列时,需要考虑哪些因素?

(2) 如何在保持品牌经典元素的同时,确保新产品系列具有足够的创新性,以吸引新一代消费者?

第 15 章

Fabergé 法贝热
品牌名称的流转与回归

FABERGÉ

品牌名称:Fabergé(法贝热)
品牌发源地(年份):沙皇俄国圣彼得堡(1842)
公司(或集团)名称:法贝热公司(House of Fabergé)

法贝热(Fabergé)是成立于沙皇俄国圣彼得堡的珠宝品牌,由古斯塔夫·法贝热(Gustav Fabergé)在1842年创立,后交由其儿子彼得·卡尔·法贝热(Peter Carl Fabergé)经营管理。法贝热主要加工金、银、孔雀石、青金石等贵金属和宝玉石材料,许多作品都具有法国路易十六时代的艺术风格,早年为沙皇创作了一系列缀满珠宝的复活节"彩蛋",并因此闻名。"法贝热彩蛋"后来成为奢侈品的代名词,并被视为珠宝艺术的经典之作。

俄国十月革命爆发后,法贝热收归布尔什维克所有,此后被转卖了多次,其销售的产品也从珠宝扩展到了服装、香水、护发产品,并涉足电影制作领域。市场上除了正宗的Fabergé产品外,还充斥着所谓的"Fauxbergé"产品和"Fabergé风格"产品。

经历了几十年的品牌名称流转后,法贝热采取了一系列措施,将珠宝重新纳入其产品线,并逐步回收了品牌名称使用权及相关权利,使品牌重归奢侈品行列。如今的法贝热是悠久历史与精湛工艺的代表,该品牌名称仅用于其珠宝产品。

15.1 法贝热的兴衰与涅槃重生

经过几十年的发展与深沉,法贝热在1900年时无论在业务规模还是声誉上都达到了辉煌的巅峰。然而,十几年后,十月革命的爆发使得法贝热的黄金时代骤然终结。在此后的一个世纪里,法贝热家族经历了逃亡与品牌名称流失的困境,直到21世纪初,才开始踏上品牌回归的艰辛历程。

15.1.1 战争革命与家族流亡

1916年,法贝热品牌成立了股份制公司(图15-1),资本金为300万卢布。一年后,法贝热伦敦分公司的剩余股份被出售给巴黎珠宝商Lacloche Frères,分公司的业务也委托律师妥善处理并结束。在十月革命之后,法贝热公司被其雇员委员会接管。1918年,法贝热公司被国有化;同年10月初,其品牌股份被没收。这一年的法贝热家族成员四散逃亡,部分家族成员甚至遭到了布尔什维克的囚禁。直至1920年6月,尤金·法贝热(Eugène Fabergé)前往德国,将其父亲彼得·卡尔·法贝热带回瑞士,与其他避难的家庭成员会合。然而,卡尔于同年9月去世。

图15-1 法贝热公司

1924年,尤金·法贝热定居巴黎,并与其兄弟共同创立了Fabergé&Cie,他们重新整合了法贝热公司以往的作品以及其他各类珠宝和艺术品。彼时,曾经辉煌的法贝热公司已被国有化长达六年之久。在十月革命爆发前,法贝热公司已经生产了包括珠宝、桌上用品、香烟盒等在内的多达155 000件作品,而巴黎的Fabergé&Cie则继续生产新的产品。为了避免与昔日法贝热公司制作的物品相混淆,他们在新作品上添加城市名称作为标识,即"Fabergé Paris"。这一时期也成为法贝热家族在接下来几十年中最后一段掌控法贝热商标的宝贵时光。

15.1.2　品牌名称与家族分离

政治动荡和创始家族的离去导致了法贝热品牌名称的流失。阿曼德·哈默(Armand Hammer)作为列宁指定的苏联首位外国特许经营商,在他的提议下,拥有俄罗斯血统的美国人山姆·鲁宾(Sam Rubin)于1937年涉足香水业务,创立了一家专注于香水和洗浴用品生产的新企业,并在未获得法贝热家族授权的情况下,擅自将公司注册为Fabergé Inc。直到十几年后,法贝热家族才发现鲁宾的这一行为。为了避免高昂的法律费用,法贝热家族于1951年选择庭外和解,最终鲁宾仅为使用法贝热商标支付了25 000美元。

1964年,山姆·鲁宾以2600万美元的价格将Fabergé Inc出售给了化妆品公司雷泰(Rayette),合并后的公司命名为Rayette-Fabergé Inc。1971年,公司名称恢复为Fabergé Inc。1984年,Fabergé Inc以1.8亿美元的价格被出售;三年后,它又以7亿美元的价格收购了伊丽莎白雅顿(Elizabeth Arden)。

1989年,联合利华以15.5亿美元的价格收购了Fabergé Inc(包括伊丽莎白雅顿)。此次收购披露了一个事实:山姆·鲁宾早在1946年就注册了珠宝类的法贝热商标,并将Fabergé的名称广泛注册为国际各类商品的商标,授权第三方以Fabergé的名义生产多种产品。此外,联合利华还将子公司名称从利华兄弟有限公司(Lever Brothers Limited)更改为利华法贝热有限公司(Lever Fabergé Limited)。这意味着原本代表皇家珠宝彩蛋的法贝热品牌,竟被用于洗手间、排水系统、厨房、浴室及洗衣机等家庭清洁用品中。名称的滥用无疑对品牌形象造成了极大的损害,法贝热急需重新夺回并管控其品牌。

15.1.3　品牌回归,重振旗鼓

2007年1月,专业投资机构帕林赫斯特资源公司(Pallinghurst Resources)向联合利华赎回Fabergé商标、许可证及与Fabergé名称相关的权利,并请莎拉·法贝热(Sarah Fabergé)进入董事会,希望重新将法贝热打造为最具吸引力的奢侈品品牌。在经历了近百年的流离失所后,法贝热这一名称终于得以与法贝热家族重聚。同年,法贝热遗产委员会(The Fabergé Heritage Council)成立,旨在引导公司秉承法贝热在创意、设计及工艺方面的卓越传统。

2009年9月9日上午9点,法贝热重新推出"Les Fabuleuses"高级珠宝系列,并同步上线官方网站。截至2012年12月31日,所有授予第三方的许可证均已失效或被终止,法贝热的名称也终于从清洁产品上消失,恢复了其应有的尊贵与纯粹。

15.1.4 品牌大事年表(2012—2019年)

2012年:法贝热推出首届"大彩蛋狩猎"活动,致敬传奇皇家彩蛋。该活动创造了两项吉尼斯世界纪录,并为慈善机构筹集了150多万美元。同年,法贝热在麦迪逊大道开设了第一家纽约精品店。

2013年:负责采购彩色宝石的世界顶级供应商Gemfields收购了法贝热,旨在打造"世界顶尖的有色宝石",巩固其"具有非凡传统的全球品牌"的地位。同年,法贝热在基辅市中心的奢侈品购物区开设了一家独立精品店。

2014年:法贝热在英国伦敦的哈罗德百货公司开展复活节庆祝活动,在奢侈品店布置沙龙和展览空间,并在著名的布朗普顿路橱窗里挂上品牌旗帜。此次展览藏品包括1901年创作的苹果花彩蛋,以及从未在博物馆外展出过的其他珍品。

2015年:法贝热首个高级腕表系列亮相,包括Fabergé Flirt、Compliquée Peacock、Fabergé Visionnaire和Summer in Provence腕表。其中,Compliquée Peacock腕表获得了日内瓦高级钟表大赏机械表类大奖。

2016年:法贝热在日内瓦开设钟表工坊,赢得了2016年日内瓦高级钟表大赏旅行时计类的冠军,法贝热的Lady Levity腕表则入围了女士类别大奖。

2017年:这一年既是俄国革命100周年,也是法贝热自1842年创立以来的175周年。值此意义特别的年份,法贝热全球钟表总监奥雷莉·皮考德与瑞士顶尖制表大师成功合作开发并推出非凡时计系列。此系列作品赢得了年度女性奖和Eve钟表奖,并在三年内摘得日内瓦高级钟表大赏的两项大奖。

2018年:法贝热和劳斯莱斯(Rolls-Royce)首度携手合作,完成了一项举世瞩目的作品——欢庆女神彩蛋。这枚彩蛋是1917年以来第二枚被委托创作的皇家彩蛋,蛋中隐藏着一尊手工雕刻的欢庆女神雕像(与劳斯莱斯品牌标识一致)。按下底座的按钮,彩蛋就会如花枝般散开,显露出其中的女神像。11月,法贝热在迪拜时尚大道的迪拜购物中心开设新店,新店周围遍布高级时装和国际设计师品牌。

2019年:法贝热的全球扩张主要集中在欧洲市场,在威尼斯增设了多个销售点,同时进驻意大利切尔沃港和法国圣特罗佩等知名地区。品牌将总部迁至伦敦维多利亚宽敞的新办公场所,开设预约制沙龙,客户可以在这里与品牌顶级设计师会面,共同定制专属珠宝。

15.2 传承家族精神,重塑品牌形象

经历了近百年的分离,法贝热家族终于收回了品牌名称,为品牌的历史断层画上了句号。为了恢复品牌昔日的辉煌及其高级珠宝品牌的地位,法贝热通过线上和线下多种方式来重塑品牌形象。

15.2.1 法贝热遗产委员会

经历商标波折的法贝热急需一位能够体现法贝热精神的人物来重塑品牌形象,以重新彰显彼得·卡尔·法贝热在高级珠宝设计与工艺领域的杰出贡献。公司积极联络法贝热的直系后代,包括卡尔的曾孙女塔蒂阿娜·法贝热(Tatiana Fabergé)与萨拉·法贝热(Sarah Fabergé),以及另外两位家族历史专家,邀请他们加入遗产委员会,共同助力公司摆脱品牌商标被滥用的阴霾时期。塔蒂阿娜·法贝热自20世纪50年代初便在巴黎研习珠宝设计,且与叔父尤金及亚历山大保持紧密联系,掌握着丰富的法贝热家族第一手资料。

作为"活生生的档案馆",法贝热的直系后代不仅提供了照片、家族逸事、工艺秘诀等宝贵素材,还慷慨出借了在俄罗斯制作的祖先半身像,供法贝热日内瓦精品店展示。这些直系后代本身即是品牌形象不可或缺的一部分,他们承载着法贝热家族的精神血脉,在公众心目中清晰划定了法贝热与那些曾使用法贝热

名义的其他品牌之间的界限,为法贝热的品牌重塑之路发挥了积极作用。

15.2.2　开设线下精品店

线下回归策略同样是法贝热重归奢侈品品牌行列的众多举措之一。

2009年,法贝热日内瓦精品店盛大开业。这是自1917年俄国十月革命导致法贝热公司被国有化后,品牌开设的第一家线下精品店。该店面的装修巧妙融合了现代简约风格与传统经典的奢侈品品牌元素,让顾客能够以全新的方式体验高级珠宝品牌的独特氛围。两年后,法贝热伦敦精品店也随之开业,其选址背后蕴含着深意。早在1906年,法贝热曾在伦敦多佛街48号开设门店,并于1910年迁至邦德街。然而,由于第一次世界大战爆发,这家店于1915年被迫关闭,这也预示着随后而来的家族流亡与商标失落的命运。近一个世纪之后,2011年,法贝热重返伦敦,开设了除邦德街店面之外的第一家店。

线下商店将顾客引领至品牌文化与品牌精神的氛围中,使顾客与品牌及产品建立起情感联系,同时也起到了重塑品牌作为高级珠宝制造者形象的作用。

15.2.3　联手宝石供应商

法贝热授权矿产商 Gemfields Resources 在15年的期限内将其名称用于彩色宝石(钻石除外)。Gemfields 在2008年9月前已与法贝热的母公司帕林赫斯特资源公司完成了协商,并宣布计划将 Fabergé 名称用于"来源高端、无道德冲突且开采合理的宝石",同时,将使用 Fabergé 名称的宝石单独编号,以确保其出处可追溯。Gemfields 的创始人兼执行副主席拉吉夫·古普塔(Rajiv Gupta)透露,从2009年起,这些带有 Fabergé 名称的宝石将提供给部分精选的合作伙伴和客户。

Gemfields 与法贝热的合作对双方的品牌形象均产生了积极影响。Fabergé 品牌名称与宝石来源合法性的结合,将为 Gemfields 在全球宝石行业的原料供应与销售提供强有力的信誉支持,同时也有助于 Fabergé 成功地从销售化妆品和须后水等领域回归其原有的奢侈珠宝品牌定位。

15.3 新系列发布与品牌复兴

产品本身就是宣告品牌实力、重塑品牌形象的有效手段,同时,产品的诞生也在见证并推动着品牌的复兴进程。

要让刚刚重获名称使用权的法贝热焕发新生,必须打破传统,推出令人耳目一新的作品。因此,在从 2007 年收回商标至 2010 年期间,法贝热并未设计彩蛋类产品,而是在 2009 年 9 月 9 日,于英国苏塞克斯郡的古德伍德庄园(Goodwood House)隆重推出了 Les Fabuleuses 系列(图 15-2)。该系列分为 Les Fleurs de Fabergé、Les Fables de Fabergé 和 Les Fauves de Fabergé 三部分,作品色彩缤纷、结构精致复杂,由创意总监卡特琳娜·弗洛赫(Katharina Flohr)和法国设计师腓德力克·萨维(Frédéric Zaavy)联手打造,每一件都是独一无二的孤品。这是法贝热自 1917 年被国有化后首次推出的高级珠宝系列,也是品牌复兴历程中的里程碑式作品。

图 15-2　Les Fabuleuses 系列

在推出备受赞誉的 Les Fabuleuses 系列 15 个月后,法贝热发布了为纪念苏联昔日冬季盛会辉煌的纯白钻 Le Carnet de Bal 系列。在 19 世纪之交,宴会、舞会和晚会是圣彼得堡社交圈和法贝热世界的一大特色。Le Carnet de Bal(舞会名册)被用来记录一位女士同意与之跳舞的男士的姓名和出场顺序,也可记录舞会过程。该系列汲取了冬天主题和彼得·卡尔·法贝热作品风格的灵感,以现代手法诠释了美好时代的往日情怀,巧妙抓住了历史庄严与现代感之间的微妙平衡。

"彩蛋"与"法贝热"是两个紧密相连的概念,也是纪念彼得·卡尔·法贝热杰出工艺与设计才能的标志性产品,在商标回归后,法贝热家族也期待着彩蛋的复出。2011年7月,法贝热推出了商标回归后的首款高级珠宝彩蛋系列——Les Fameux de Fabergé。该系列由12枚彩蛋吊坠组成,每一枚吊坠都从一个经典的俄罗斯谚语故事中汲取灵感,融合了复杂的工艺过程,是经典与现代、传统手工艺与尖端技术的完美结合。这套系列的推出见证了法贝热品牌发展的重要时刻,也是品牌复兴进程中的重要一步。同时,法贝热还推出了Les Frissons de Fabergé系列,采用了多种材料、风格和技艺。该系列并非高级珠宝系列,共有约60种款式,旨在以较低的价格和多样的款式将法贝热彩蛋重新打造为特别场合的首选礼物。

今日的法贝热仍然如100多年前为沙皇制作彩蛋一样接受私人的个性化定制,将客户的主观想法和偏好融入产品。经过商标回归后十多年的发展,如今的法贝热已经拥有了众多工艺精湛、设计巧妙的优秀产品系列,并成功地凭借着其形象重塑策略重返奢侈品珠宝市场,成为一家以精湛工艺、独特设计风格和传奇历史而闻名的珠宝品牌(图15-3)。正如法贝热的主要投资公司——帕林赫斯特资源公司的董事长布莱恩·吉尔伯森(Brian Gilbertson)所说:"法贝热曾经是一个忽视品牌资源的典型例子,而如今的它有了清晰的战略与远见、对品牌发展的热情与专注,以及强大的资金支持,注定将重铸辉煌。"

15.4 彩蛋案例赏析

法贝热著名的50个皇家复活节彩蛋系列是1885年至1916年间为俄罗斯皇室精心打造的珍品,当时该公司由彼得·卡尔·法贝热经营。这些彩蛋不仅是这一俄罗斯珠宝品牌的巅峰之作,更被视为艺术史上最后一批伟大的定制作品。在1885年至1893年亚历山大三世统治期间,共制作了10个彩蛋;在其子尼古拉

图 15-3　法贝热系列珠宝

二世统治期间,又连续每年制作两个,共计 40 个,其中一个献给他的母亲(即皇太后),另一个则赠予他的妻子。

在首次委托后,法贝热被授予了"皇室特别任命的金匠"这一殊荣。根据法贝热家族的传统,公司在设计未来的帝国复活节彩蛋时拥有完全的自由,就连皇帝也不知道这些彩蛋将会以何种形态呈现。唯一的规定是,每一个彩蛋都应该包含一个令人惊喜的元素。

1894 年,法贝热制作了著名的文艺复兴彩蛋(图 15-4)。这个彩蛋由亚历山大三世赠送给他的妻子玛丽亚·费奥多罗夫娜(Maria Feodorovna),其设计灵感源自勒罗伊(Le Roy)收藏于德累斯顿绿穹珍宝馆(Grünes Gewölbe)的椭圆形玛瑙棺材。彩蛋由云玛瑙雕琢而成,盖子上饰以不透明的白色珐琅金格子结构,每个交叉处镶有四叶形钻石和红宝石中心。一条红色珐琅带将彩蛋分为两半,彩蛋顶部刻有钻石镶嵌的日期"1894"。

1897 年的加冕彩蛋(图 15-5),是法贝热最具标志性的彩蛋,由尼古拉二世赠送给他的妻子亚历山德拉·费奥多罗夫娜皇后,当天正是他们在乌斯宾斯基大教堂加冕的日子。它的外壳由黄金制成,饰有半透明的黄色扭索珐琅和镶有钻石的黑色珐琅双头鹰,这一设计让人想起皇后在仪式上所穿的厚重的金衣长袍。彩蛋打开后,有一辆镶嵌钻石的珐琅黄金微型马车复制品,这是巴肯达尔 18 世纪原版马车的精致再现。原本马车中镶嵌了一颗祖母绿水滴形宝石,后来它被一颗黄色水滴形钻石所取代(遗憾的是,这些宝石均已遗失)。

法贝热 18K 金蓝色扭索饰纹珐琅彩蛋高度为 77 毫米。这款装饰品以睡莲为

图 15-4　1894 年的文艺复兴彩蛋

图 15-5　1897 年的加冕彩蛋

主题，蛋的开合处设有一颗方形切割的赞比亚祖母绿作为纽扣，整个彩蛋镶嵌在软玉底座上。睡莲本身由一颗手工雕刻的秘鲁粉红色蛋白石制成，镶嵌钻石和 18K 黄金，安放于一片深绿色珐琅叶片之中，整体被固定在扭索纹 18K 黄金圆盘上（图 15-6）。

为庆祝法贝热品牌成立 180 周年，Fabergé 推出了 180 周年纪念胶囊（图 15-7），其直径仅为 35 毫米，作品采用 18K 玫瑰金和莫桑比克红宝石制成。其设计灵感来自法贝热档案中的"凹槽"金质作品。金色凹槽装饰被认为是彼得·卡尔·法

图 15-6　18K 金蓝色扭索饰纹珐琅彩蛋

贝热的标志性风格,在法贝热 1917 年前的许多精美作品中都有所体现,涵盖珠宝、相框、烟盒和其他艺术品。凹槽通过弧形表面来营造对比鲜明的光影,凸显 18K 玫瑰金的自然美感。凹槽呈放射状排列,彩蛋两侧的中心是一颗发光的凸圆面红宝石。

图 15-7　Fabergé 180 周年纪念胶囊

15.5　结　语

历经一个多世纪的动荡变迁,Fabergé 的命运轨迹映射出时代的巨变:从沙皇时代的巅峰辉煌,到革命浪潮下的名称流转;从被滥用于日常消费品,到重归高级珠宝殿堂。这一历程不仅见证了商业沉浮,更彰显了家族与品牌精神的坚韧传承。

21世纪初,Fabergé的品牌名称回归不仅是一场法律与商业的胜利,更是文化血脉的重新接续。通过凝聚家族后裔、复兴传统工艺、整合顶尖资源,Fabergé以高级珠宝为核心,在传统与创新的平衡中重塑了品牌灵魂。

如今的Fabergé,既是皇家彩蛋传奇的当代延续,又是奢侈品领域的革新典范。它提醒世人:真正的奢侈不在于浮华表象,而在于那份历经时光淬炼仍熠熠生辉的匠心精神。

思　考

(1) 在法贝热品牌名称流失期间(如被用于清洁用品等领域),其品牌形象受到了损害,这反映出商标管理与品牌核心价值之间存在何种矛盾?这一事件对现代奢侈品行业的商标保护有何启示?

(2) 品牌名称流失除了损伤品牌形象外,还会带来哪些影响?

第 16 章

Mauboussin 梦宝星
放弃奢侈品策略，引领品牌大众化

品牌名称：Mauboussin（梦宝星）
品牌发源地（年份）：法国巴黎（1827）
公司（或集团）名称：老佛爷百货（Galeries Lafayette）集团

梦宝星曾是一个备受追捧的高级珠宝品牌，深受皇室贵族和好莱坞明星的喜爱，他们每年都不惜重金定制其珠宝首饰。然而，时过境迁，如今的梦宝星已不再拥有昔日那样丰富的高级珠宝产品线。究竟是什么导致了这样的情况呢？

16.1 梦宝星：法国巴黎的高级珠宝

梦宝星的历史大致分为三个时期：努里时期（Maison Noury）、继承人时期（Mauboussin-Successeur de Noury）、好莱坞合作时期（Trabert & Hoeffer-Mauboussin）。

1. 努里时期（1827—1902 年）

1827 年，罗赛尔先生（Mr. Rocher）在巴黎开设了一家珠宝工坊，少量供应贵重金属和根据中世纪与文艺复兴的元素设计的珠宝。而后，随着南非好望角矿脉的发现,工业革命带来的新兴富裕阶层对珠宝的需求激增。努里先生(Jean-Bapiste Noury)接手了这家工坊,并将其更名为 Maison Noury。在 1873 年的维也纳世界博览会上,该品牌的珠宝作品开始斩获业界注意力,并于 1878 年的巴黎博览会(Paris Expostion)中获奖。

2. 继承人时期(1903—1934 年)

1877 年,努里先生的外甥乔治·梦宝星(Georges Mauboussin)以学徒的身份加入了公司。他展现出了非凡的才华和远见,到 1903 年,他完全掌控了这家企业。1922 年,乔治将公司更名为 Mauboussin(梦宝星),同时出于对舅舅的敬意,在品牌标识中保留了"努里继承人"(Successeur de Noury)这一表述。1923 年,整个公司搬迁至舒赛尔街(Rue de Choiseul),新办公场所占据了一整栋建筑,集设计、加工、销售及展览等多功能于一体。在这座建筑的一层,梦宝星分别于 1928 年、1930 年和 1931 年举办了祖母绿、红宝石及钻石的主题展览,这些展览在当时引起了极大的反响。值得一提的是,乔治·梦宝星在 1925 年荣获了法国荣誉军团奖章,这是法国的最高荣誉之一,以此表彰品牌在高级珠宝领域作出的杰出贡献。

3. 好莱坞合作时期(1935—1953 年)

梦宝星于 1929 年在美国纽约开设了分公司,但不幸的是,这一时间点恰好遭遇了 1929 年的金融危机。到了 1935 年,由于严重的财务困境,梦宝星不得不出售股票,并与珠宝经销商 Trabert & Hoeffer 进行合作。在美国市场中,梦宝星与合作方的名字结合,以全新的品牌名称继续发展。这次合作在新兴的好莱坞市场中取得了巨大成功:梦宝星的好莱坞客户,如玛琳·黛德丽(Marlene Dietrich)及查理·卓别林(Charlie Chaplin)的妻子保莱特·戈达德(Paulette Godard),无须再远赴巴黎寻找奢华珠宝。尽管梦宝星在美国的发展表现出色,但在其他地方却不尽如人意——许多海外办事处被迫关闭。与此同时,乔治的儿子皮埃尔·梦宝星也在这一时期退出了家族企业,转而追求自己的个人梦想——制造飞机。巴黎的梦宝星之所以能够生存下来,很大程度上得益于埃及女王纳兹利(Queen Nazli of Egypt)和印多尔邦主(The Maharajah of Indore)的青睐。

梦宝星是欧洲最古老的高级珠宝品牌之一,其悠久且底蕴深厚的历史是其他品牌难以匹敌的。它开创了以白色金属为背景的独特设计风格,让白金和铂金焕发出全新的光彩。自品牌诞生以来,在一百多年的发展历程中,梦宝星凭借

第 16 章　Mauboussin 梦宝星
放弃奢侈品策略，引领品牌大众化

其精湛的工艺以及品质上乘的宝石赢得了广泛的关注与赞誉。

16.2　奢侈品品牌策略及其重要性

在奢侈品行业中，奢侈品品牌策略作为奢侈品企业生存的根基，显得尤为重要。事实上，奢侈品品牌策略是一个完整的系统，与传统品牌策略有很大的区别。它包括高质量的产品、先进新颖的技术与设计、令人向往的历史与文化和社会分级等方面。毋庸置疑，奢侈品品牌必须达到甚至超过高档品的水准。以高级珠宝为例，其宝石、金属材质及工艺均须精益求精；同时，每个品牌都需拥有独特的定位，即在某一特定风格或技术上占据先驱地位，如梵克雅宝在风格上主打童话与精灵主题，技术上则以隐秘式镶嵌著称。此外，悠久的历史和独特的文化亦是奢侈品品牌价值的重要组成部分，如路易威登的旅行文化、卡地亚所倡导的女性独立精神。最后，奢侈品还需通过价格制造社会分级，区分消费群体。品牌针对不同阶层进行差异化营销、推广及服务，而消费者也为品牌带来了不同的价值。

实施奢侈品品牌策略对奢侈品企业意义重大。如何构建一个王国，吸引消费者成为品牌的追随者，是奢侈品品牌策略的核心所在。

在奢侈品行业中，运营、设计、制作、推广、销售等环节均需投入高昂的人力物力。如何维持奢侈品品牌策略的有效运行，成为奢侈品品牌运营过程中的关键问题。奢侈品品牌需拥有自主定价权，而非完全受制于市场。一方面，奢侈品除了物料价值外，还拥有极高的附加价值；另一方面，由于奢侈品品牌策略的维持成本高昂，因此需要通过高定价来平衡。因此，从品牌自身运营角度看，保持奢侈品应有的盈利水平是维持品牌策略有效运行的关键。然而，商业社会复杂多变，微观与宏观环境危机均可能打破策略的动态平衡。目前，部分品牌采取集团化策略，借助集团经济实力维持奢侈品品牌策略，如布契拉提（Buccellati）；而另一些品牌则通过自身发展壮大，储备充足现金流以抵御危机，如香奈儿（Chanel）。

在维持奢侈品品牌策略有效运行的问题上，梦宝星提供了一个典型的反面案例。如前所述，梦宝星长期拥有众多名流顾客，且在 1929 年金融危机中因忠诚顾客的支持而顺利过关。然而，20 世纪 80 年代，梦宝星的顾客结构出现严重问题，几位主要客户承担了品牌过半的销售额，这对品牌的稳定性构成极大威胁。若品牌过于依赖少数大客户，一旦客户流失，将面临巨大危机。果然，1988

年,梦宝星失去了重要顾客——文莱苏丹国王子Jefri,当时其购买额占品牌总销售额的80%。自此,梦宝星开始连年亏损,财务问题严重。至2000年,梦宝星亏损超过2000万欧元。公司资本无法再支撑奢侈品品牌策略的实施,最终被迫放弃该策略。

16.3 离开奢侈品行业

2002年,一位敢于创新的企业家多米尼克·弗里蒙(Dominique Frémont)买下了梦宝星,开始实施全新的品牌策略。梦宝星的产品价格也开始发生翻天覆地的变化,首先是降价;其次,珠宝首饰的生产被外包给其他国家,品牌不再全权对产品负责;另外,品牌的门店迅速增多,门店也不再如从前那般奢华闪耀,于2015年退出法国巴黎旺多姆广场,免去了高昂的店铺租金,也失去了高级珠宝的象征之地。

在营销推广方面,该品牌不再像奢侈品品牌一样投放高端杂志,举办名媛聚会,而是在地铁等人流密集的场所投放巨幅广告(图16-1),以此引起人们的注意。

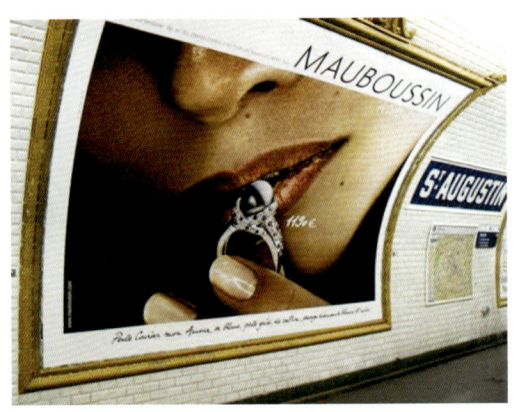

图16-1 梦宝星的地铁宣传广告

在新的策略下,品牌很快起死回生。2012年,梦宝星的销售额飞涨。品牌的新策略核心在于利用梦宝星的品牌价值推出低价珠宝,在数量上获得天然优势,借助庞大的人口基数实现盈利,以此来弥补财政赤字。尽管扩大受众面这一改革在短期内提升了梦宝星的净收益,但不可否认的是,这一战略转型实质上导致了品牌价值的系统性折损——曾经象征高端奢华的品牌定位逐渐瓦解,核心客群结构发生根本性转变,从注重品牌稀缺性的上层阶层,转向大众消费市场。

目前,梦宝星只能通过较大力度的宣传来维持其常规销售。更为关键的是,梦宝星已丧失了品牌定价权,所有产品的价格均由市场决定,无法再通过高价策略来弥补宣传成本。网络上已出现诸多关于其产品质量及服务的负面评价,因此,在品牌逐渐脱离奢侈品领域的过程中,营销策略需谨慎行事。一方面,需调整人力和技术支持,并对企业进行重新定位;另一方面,则需尽力维护品牌在消费者心中的奢侈品形象。梦宝星在后者上采取了多项积极举措。例如,品牌宣称致力于解放所有女性,让每位女性都能拥有专属的珠宝首饰,并对外强调梦宝星坚守法国巴黎的优雅女性风格。通过这样的包装,品牌成功吸引了更多消费者,使他们感觉曾经遥不可及的古老品牌如今愿为自己定制珠宝,倍感荣幸,从而乐于光顾梦宝星的门店。如此,消费者在不知不觉中接受了品牌脱离奢侈品领域的转变,梦宝星的"梦想元素"得以保留,为公司的商业模式转型提供了安全保障。从商业角度看,"离开奢侈品行业"的梦宝星虽看似遭遇挫败,实则不失为一种成功策略。

梦宝星的转型对奢侈品品牌而言具有警示意义。一个奢侈品品牌如果想要长久发展下去,必须坚持采用奢侈品品牌策略,并时刻准备应对可能发生的危机。因为一旦品牌陷入被动局面,将失去策略上的主动权。在奢侈品行业中,任何时候都应着眼长远,而非仅仅追求短期利益。

16.4 结　语

作为曾经法国著名的高级珠宝品牌,梦宝星引领了法国珠宝业近一个世纪的发展,其辉煌的历史在诸多珠宝首饰书籍中均有记载。然而,不合理的消费者结构最终导致了它的困境。在失去主要客户群后,梦宝星面临着严峻的财务问题,不得不放弃奢侈品品牌策略。这一转变虽然拯救了品牌免于破产,但同时也终结了其作为奢侈品品牌的发展道路。

从商业角度来看,"离开奢侈品行业"的策略无疑是明智的,正是这一决策确保了品牌的存续至今。然而,从奢侈品行业的视角出发,梦宝星的经历却是一个警示,它提醒管理者必须将奢侈品品牌策略置于核心位置,时刻捍卫品牌的梦想与价值。

思 考

(1) 在 20 世纪,梦宝星通过哪些方面的努力获得了上层阶级的青睐?

(2) 梦宝星作为高级珠宝品牌时,主要采取了哪些品牌策略?遇到财务危机后,品牌在哪些方面进行了调整?

(3) 当品牌决定离开奢侈品行业时,须谨慎进行营销,力求最大限度地保持其奢侈品形象。梦宝星采取了哪些具体措施来实现这一目标?

第17章

Bvlgari 宝格丽
关爱弱势儿童，明确社会责任

BVLGARI

品牌名称：Bvlgari（宝格丽）

品牌发源地（年份）：意大利罗马（1884）

公司（或集团）名称：路威酩轩（LVMH）集团

宝格丽自创立以来，始终追求卓越，注重细节与品质，不断创新，以其大胆的设计、独特的色彩美学引领时代潮流。品牌因此赢得了世界各国社会名流的青睐，众多贵族与影视名人成为其忠实客户。同时，宝格丽在自身发展的同时，也高度重视回馈社会。在品牌的发展过程中，企业主动承担社会责任，不仅有助于解决社会问题、促进社会进步，营造良好的社会环境，还能增强企业的社会责任感和知名度。宝格丽积极参与慈善事业，与救助儿童会合作，发起慈善活动，并将定制产品"Save the Children"的部分销售收入捐赠给慈善机构。作为全球领先的高端奢侈品品牌，宝格丽在慈善领域的表现可圈可点。

17.1 宝格丽的品牌传承：卓越工艺与独特设计

1884年，才华横溢的希腊银匠索帝里欧·宝格丽（Sotirio Bulgari）在罗马创立工作室。凭借精湛的工艺和奢华瑰丽的珠宝作品,品牌很快在意大利名声大振。几十年来,宝格丽凭借明亮丰富的色彩组合、精致平衡的外形设计和精确严谨的图案搭配,凝练出了标志性的独特风格,以此向品牌悠远深厚的罗马根基致敬。

索帝里欧·宝格丽打造的作品受到热烈追捧,开设了第一家精品店,之后相继在康多提大道和其他旅游景点开设了新店。

20世纪20年代,早期的高级珠宝作品强烈地反映出法国传统学院派的设计理念,巧妙地将铂金、钻石与几何风格化的装饰艺术设计融为一体。自20世纪40年代起,宝格丽逐渐形成了独具特色的意大利风格,将璀璨夺目的黄金与灵蛇(Serpenti)系列珠宝作品巧妙结合,展现出品牌独特的设计美学。到了20世纪50年代中期,宝格丽将珍稀彩色宝石引入珠宝设计,采用了创新的配色方案。品牌从罗马建筑的圆形拱顶中汲取灵感,使凸圆形宝石成为其标志性元素,充分展现了宝石明亮且丰富的色彩搭配。

20世纪80至90年代,宝格丽锐意进取,不断创新,推出了适宜全天佩戴的珠宝作品,风格多样。模块化珠宝设计满足了女性多样化的需求,数十年来,宝格丽美丽绝伦的珠宝元素成为迷人魅力的代名词,由此铸就品牌精髓。现在的宝格丽拥有Divas'Dream系列、B.zero1系列、Serpenti系列、Bvlgari Bvlgari系列、Bvlgari Cabochon系列、Fiorever系列等珠宝。

Divas'Dream珠宝系列彰显出优雅而亲切的女性魅力,其设计灵感来自古罗马的精致马赛克图案(图17-1)。B.zero1系列融合了罗马斗兽场的宏伟气势、非凡不朽的历史遗迹,采用了意大利现代设计中的硬朗线条(图17-2)。Serpenti系列是宝格丽最具代表性的系列珠宝(图17-3),灵感来源于蛇。作为性感美丽的象征,蛇这一图腾标志可以追溯到希腊和罗马神话。Bvlgari Bvlgari系列将罗马文化与时尚融合,设计灵感来源于古币上的铭文(图17-4)。Bvlgari Cabochon系列从品牌历史悠久的金饰工艺汲取灵感,以当代艺术形式传承古老传统,采用光滑的凸形蛋面切割造型,彰显了金质的天然魅力与迷人质感(图17-5)。Fiorever系列从花瓣中撷取灵感,将永恒之城罗马的蓬勃生命力融入设计中(图17-6)。

第 17 章 Bvlgari 宝格丽
关爱弱势儿童,明确社会责任

图 17-1　Divas'Dream 系列项链

图 17-2　B.zero1 系列项链

图 17-3　Serpenti 系列手镯

图 17-4　Bvlgari Bvlgari 系列戒指

图 17-5　Bvlgari Cabochon 系列项链

图 17-6　Fiorever 系列耳环

17.2　Save the Children：宝格丽与救助儿童会的慈善合作

在全球，众多儿童因贫困而无法获得优质教育。为解决这一问题，世界各地的慈善机构和团体已采取诸多措施，但遗憾的是，尚缺乏一个具有强大影响力的品牌来提升公众对这些问题的关注。因此，宝格丽决定利用其品牌影响力，与救助儿童会（Save the Children）携手发起旨在改写儿童未来的慈善活动。

17.2.1　活动始末

自2009年起，宝格丽便开始与救助儿童会合作，通过销售专为该项目定制的产品，借助其品牌的社会影响力，引起社会各界对该项目的广泛关注。宝格丽从品牌标志性的B.zero1系列中汲取灵感，推出了Save the Children定制珠宝系列，该系列涵盖戒指、手链和吊坠。这些珠宝以纯银和黑色陶瓷为主要材质，内刻"Save the Children"的标志（图17-7）。

图17-7　Save the Children 系列

在该系列首饰的包装上，品牌也进行了与救助儿童相关的调整。例如，每件首饰均附赠救助儿童的宣传册，内含贫困儿童现状的图片，以此激发宝格丽客户对慈善事业的关注。

宝格丽通过全球品牌专卖店、指定商店和官网等渠道销售 Save the Children 系列，将部分收益用于解决儿童的生存问题，并为他们提供优质教育资源，这些在儿童的成长过程中起着至关重要的作用。此外，宝格丽还利用新款吊坠的额外销售收入，将资助范围扩大至健康关怀领域，通过支持救助儿童会，为极易受到伤害的儿童和新生儿提供救助。

在宝格丽品牌 125 周年华诞之际，它号召全球各界名人戴上 125 周年限量纪念银戒并拍摄照片，通过黑白而富有张力的画面，向世界传达救助战乱地区贫困儿童的重要性。而在品牌创立 130 周年之际，15 位中国明星——包括韩庚、李晨、郭碧婷、张靓颖、唐嫣、秦岚、陈数等影视名人——佩戴 Save the Children 系列戒指参与宣传企划，共同为慈善事业贡献力量。

除了在官网上展示近两百位名人为该项目拍摄的慈善大片外，宝格丽还特地为该系列精心制作了宣传片，以进一步扩大项目的影响力。同时，官网也专门设立了一个专栏，用于详细介绍这一慈善活动。

17.2.2 活动影响

截至 2012 年，宝格丽不仅实现了与救助儿童会于 2009 年建立合作伙伴关系时设定的 4 年内向其资助超过 2000 万美元的目标，而且远远超出了这一预期。得益于宝格丽的参与，救助儿童会成功改善了全球范围内超过 120 万名处境危险的儿童的生活，同时也解决了新生儿和怀孕母亲所面临的问题。宝格丽的捐赠惠及了全球 23 个国家的弱势儿童群体。

众多名人的参与在一定程度上提升了社会各界对全球弱势儿童问题的关注度，有助于推动弱势儿童问题的解决。宝格丽也因此在社会各界人士心目中树立了充满人性光辉和慈善情怀的企业形象。通过这项活动，一方面，宝格丽达成了关怀全球弱势儿童的目标，缓解了世界范围内的贫困儿童问题，赢得了社会各界的好感与对品牌的信任，提升了品牌形象；另一方面，通过捐赠部分营业额以及鼓励员工亲身体验项目的举措，宝格丽激发了员工的积极性，将慈善事业与企业经营相结合，在一定程度上促进了销售额的增长。

17.3 宝格丽承担的其他企业社会责任

17.3.1 CSR 管理体系

为了加强其在道德框架内开展业务的承诺,关注长期活动对社会和环境的影响,宝格丽创立了企业社会与环境责任(CSR)部门,负责协调公司内部各个分支和部门,以促进责任实践在商业运营中的应用与整合,并确保 LVMH 集团的社会环境承诺在宝格丽全球业务中得到了有力执行。此外,CSR 部门积极协助国家和国际工作组,致力于制定和完善供应链的可持续发展标准。

宝格丽的总体愿景是构建一个能够创造价值、推动未来发展的企业环境,以应对诸多挑战。为实现这一愿景,宝格丽基于可持续发展目标制定了一项 CSR 计划。这些目标是 2015 年 9 月联合国 193 个成员国签署的《2030 年可持续发展议程》的一部分。该议程是为人类、地球与繁荣制定的行动计划,涵盖 17 个可持续发展目标,以及 169 个子目标,旨在以可持续的方式为下一代的未来提供保障。

17.3.2 环保政策

宝格丽践行着保护环境的承诺,努力应对气候变化,保护自然资源。与此同时,LVMH 集团也致力于环境条件的持续改善,使客户、员工、当地民众及利益相关者从中受益。

宝格丽积极协调各项活动和项目,在各级生产管理环节践行环境友好的生态实践。LVMH 集团确立了相关经营目标及指标,以推动环保绩效的持续改善,并制定了专项计划以提高员工及外部利益相关者的环保意识。每年的环保绩效都会通过 LVMH 集团的环境报告进行公示,同时,宝格丽的 CSR 计划也与 LVMH 集团的可持续发展计划紧密结合。

环保政策声明了宝格丽对尊重和保护环境的承诺,这是宝格丽价值观和文化不可或缺的一部分,也是该品牌实现长期成功的战略要素。此外,LVMH 集团还确立了 LIFE(LVMH 环境指标)计划,该项目依据 LVMH 集团的议程对环境进行评估,视环境表现为打造卓越产品和品牌不可或缺的自然要素,直面奢侈品行业面临的挑战,将关键环境状况细分为九个等级。每年,宝格丽都会向 LVMH 集团提交关于其办公场所及生产设施的环境影响报告。

通过践行 LIFE 计划,宝格丽展现了品牌对环境可持续发展的重视。为实现这一计划并积极促进可持续发展目标的达成,宝格丽还将借助伙伴关系发展战略在企业内部不断进行创新。这种伙伴关系能够彰显双方共同的价值观,并与内外部利益相关者建立积极关系。

17.4 结　语

宝格丽作为全球知名的奢侈品品牌,不仅以其卓越的工艺和独特的设计赢得了世界的赞誉,更通过其深厚的社会责任感和环保承诺,展现了品牌的人文关怀与可持续发展理念。从与救助儿童会的慈善合作,到企业社会与环境责任(CSR)管理体系的建立,宝格丽始终致力于在全球范围内推动社会进步与环境保护。通过不断创新和践行可持续发展目标,宝格丽不仅为奢侈品行业树立了榜样,也为全球社会的福祉和地球的未来贡献了力量。

思　考

(1) 自 2009 年起,宝格丽的"Save the Children"活动已连续举办多年,并在社会上赢得了广泛赞誉。然而,至今为止,该活动的影响力和参与度仍有待提升。那么,宝格丽在后续应如何改进,以提高此项目的影响力和参与度呢?

(2) 宝格丽通过销售"Save the Children"系列商品所得的部分收入进行捐赠。展望未来,品牌应如何持续推进这一项目?除了现有方式,还有哪些途径可以帮助救助弱势儿童?

(3) 举办此类活动会对品牌产生怎样的影响?

(4) 对于中国奢侈品品牌而言,宝格丽的"Save the Children"项目在提高品牌知名度和公众信任度方面有哪些启示?

主要参考文献

蔡雨轩,李娟,2020.新奢侈品时代的奢侈品牌定价策略分析[J].西部皮革,42(7):24-26.

陈雯雯,王云菲,2013.法国珠宝品牌梵克雅宝的设计文化研究[J].经济研究导刊(10):200-202.

陈雅牧,2013.斯沃琪收购哈利·温斯顿:迎接新挑战[J].中国黄金珠宝(3):8.

吉米,2018.文具百年品牌巡礼之四:万宝龙的书写艺术[J].文体用品与科技(7):50-52.

庞颖,2012.祖孙三代人的珠宝传奇:玳美雅[J].中国黄金珠宝(5):50-53.

彭浩婧,2020.品牌基因在奢侈品珠宝创新设计中的应用研究[D].北京:北京服装学院.

唐新玲,陈佳,马海景,2021.奢侈品品牌体验营销案例与影响效应研究:以GUCCI为例[J].丝绸,58(10):52-59.

巫金津,2019.国际珠宝名牌发展之路的研究[D].北京:中国地质大学(北京).

徐钦,2018.奢侈品品牌的社交媒体评价对客户价值影响:以产品价值、关系价值和品牌价值为视角[J].商业经济研究(5):71-74.

张姗姗,2011.珍珠之父御木本[J].时尚北京(3):114-116.

赵钰洁,2024.时尚品牌的可持续化转型策略研究[J].时尚设计与工程(2):36-38.

钟腾,赵宜一,杨苗苗,2022.家族经营对企业金融化的影响研究[J].金融论坛,27(1):40-50.

周艳霜,2023.1950—1970年代宝格丽珠宝研究[D].北京:中国地质大学(北京).

周雨恬,陈志钢,2023.文旅视阈下意大利布契拉提品牌首饰对织纹雕金技艺的复兴与发展[J].纺织报告,42(5):120-122.

LAPARELLI I P,2016.空间的微观探索:巴黎旺多姆广场REPOSSI旗舰店[J].小麦,译.室内设计与装修(10):72-77.

图片来源说明

本书图片大多来源于各品牌官方网站，现对其中部分来源说明如下。各网站、平台访问时间均为 2025 年 3 月。

第 7 章

图 7-1 来源：https://mp.weixin.qq.com/s/qMXI-DfTEGCoQUSZRyEfEw

图 7-3 来源：https://mp.weixin.qq.com/s/EwXhPgoTQUoHJViJSAbQ9g

第 8 章

图 8-1～图 8-5 来源：https://www.buccellati.com/en_us/art-collection

图 8-6 来源：https://www.buccellati.com/en_us/jewellery/icona-collections/macri/macri.html

图 8-7 来源：https://www.buccellati.com/en_us/jewellery/icona-collections/opera.html

图 8-8 来源：https://www.buccellati.com/en_us/jewellery/icona-collections/hawaii/hawaii.html

图 8-9 来源：https://www.buccellati.com/en_us/jewellery/icona-collections/etoilee.html

图 8-10 来源：https://www.buccellati.com/en_us/jewellery/icona-collections/ramage.html

图 8-11 来源：https://www.buccellati.com/en_us/jewellery/icona-collections/ghirlanda.html

图 8-12 来源：https://www.buccellati.com/en_us/jewellery/icona-collections/tulle.html

图 8-13 来源：http://xhslink.com/a/6r4LXtXwKH26

图 8-14 来源：http://xhslink.com/a/eNU8Ub9rTH26

图 8-15 来源：Buccellati 的 Instagram

图 8-16 来源：Noonoouri 的 Instagram

第 9 章

图 9-1 来源：http://xhslink.com/a/cVKNemTh4I26

第 10 章

图 10-1 来源：https://mp.weixin.qq.com/s/rVIEDcro1e7EYkSG4RUmug

图 10-3 来源：https://mp.weixin.qq.com/s/ywumQ8PGOF182lBkIgsjqQ

第 11 章

图 11-2 来源：https://www.sohu.com/a/280456664_100300218

图 11-4 来源：https://k.sina.com.cn/article_6938435747_19d9020a300100mds7.html

第 13 章

图 13-2 来源：https://mp.weixin.qq.com/s/ZgY-zsjANSJk9_e6bFij0Q

图 13-4 来源：https://mp.weixin.qq.com/s/lWZtBuiScACgdbVQWWHkhA

第 14 章

图 14-1 来源：https://www.chanel.cn/cn/fine-jewelry/p/J12445/bouton-de-camelia-transformable-necklace

https://www.piaget.cn/jewelry/piaget-rose/white-gold-diamond-ring-g34ux900

https://www.dior.cn/zh_cn/fashion/products/JBAG94068_0000

图 14-2～图 14-6 来源：https://www.cartier.hk/zh-hk/％E7％B3％BB％E5％88％97/％E7％8F％A0％E5％AF％B6/％E7％B3％BB％E5％88％97.viewall.html

第 17 章

图 17-1 来源：https://www.bulgari.cn/zh-cn/categories/jewelry/by-collection/divas-dream

图 17-2 来源：https://www.bulgari.cn/zh-cn/categories/jewelry/by-collection/b-zero1

图 17-3 来源：https://www.bulgari.cn/zh-cn/categories/jewelry/by-collection/serpenti

图 17-4 来源：https://www.bulgari.cn/zh-cn/categories/jewelry/by-collection/bvlgari-bvlgari

图 17-5 来源：https://www.bulgari.cn/zh-cn/categories/jewelry/by-collection/cabochon

图 17-6 来源：https://www.bulgari.cn/zh-cn/categories/jewelry/by-collection/fiorever

图 17-7 来源：http://xhslink.com/a/gdXldPGOsC36